Reiner Vogel

Oberpfalz

Freud am Leb'n

Geschichten & Anekdoten

Bildnachweis
S. 7 Archiv Kultur- und Militärmuseum Grafenwöhr, S. 14 Archiv Tourismusbüro Schwandorf, S. 17 Konzerthaus Blaibach, S. 20 Archiv Tourismusbüro Schwandorf, S. 30 MZ-Archiv, S. 34 www.bayern.by-Florian Trykowski, S. 38 Kultur & Tourismusamt Vilseck, S. 43 Firmenarchiv Seidl, S. 46 Stadtarchiv Cham/Helmtrud Schmitt, S. 49 Archiv Maybach Museum Neumarkt, S. 54 Landratsamt Cham, S. 58 Regierung der Oberpfalz, S. 61 Deutsches Knopfmuseum, S. 68 Markt Konnersreuth, S. 77 Oberpfälzer Wald /Thomas Kujat, S. 79 Stadt Burglengenfeld, S. 11, 23, 27, 65, 71 Bianca Wohlleben-Seitz
Titelbild: ullstein bild (imageBROKER/Bahnmueller)

Danksagung
Stephanie Wenisch, Tourismuszentrum Oberpfälzer Wald
Christine Buchfelder, Archiv Kultur- und Militärmuseum Grafenwöhr
Maximilian Lohse, Tourismusbüro Schwandorf
Isolde Stöcker-Gietl, Mittelbayerische Zeitung
Adolfine Nitschke, Kultur & Tourismusamt Vilseck
Michaela Günthner, Theres-Neumann-Museum
Manfred Schmied, Regierung der Oberpfalz
Aloisia Aschenbrenner, Konzerthaus Blaibach
Jakob Hilber, Seidl Confiserie GmbH
Charles Herold, Deutsches Knopfmuseum
Maria-Luise Segl, Landratsamt Cham
Timo Bullemer, Stadtarchiv Cham

1. Auflage 2024

Layout: Da Forma Agentur für Gestaltung, Gudensberg
Satz: Schneider Professionell Design, Schlüchtern-Elm
Druck und buchbinderische Verarbeitung:
Beltz Grafische Betriebe GmbH, Bad Langensalza

34281 Gudensberg-Gleichen, Im Wiesental 1
Tel. 0 56 03 - 9 30 50   www.wartberg-verlag.de
ISBN 978-3-8313-3621-0

Inhalt

Elvis auf Manöver – Wie der „King of Rock 'n' Roll" die Hirschauer begeisterte 5
Die falsche Verlobung – Wassily Kandinsky, Gabriele Münter und die Liebe 9
Gott mit dir, du Land der Bayern – Der Schwandorfer Komponist Konrad Max Kunz und die bayerische Hymne 13
Weltklasse auf dem Dorf – Das Konzerthaus Blaibach lockt in die Provinz 16
Abenteuer unter der Erde – Die Felsenkeller im Untergrund von Schwandorf 19
Als der Papst noch Professor war – Das Pentlinger Haus von Benedikt XVI. 22
Wo Österreich entstanden ist Die Kreuzhofkapelle „in den Wiesen von Barbing" 26
Jahrelang als Täter unerkannt – Der Regensburger Horst David ermordete mindestens sieben Frauen 29
Die Oberpfälzer Hauslandschaften – Lebendige Heimatkunde im Freilandmuseum Neusath-Perschen 33
Die Königsgeliebte und das wütende Volk – Lola Montez suchte auf ihrer Flucht in Vilseck Unterschlupf 37
Erlebniseinkauf an der A 93 bei Laaber – Eine schokoladige Begegnung der besonderen Art 42
„Die Brücke" – Fritz Wepper und Vicco von Bülow in ihren ersten Filmrollen 45
Weltweit einmalig – Maybach-Museum eines Neumarkter Sammlerehepaares 49
Feuer und Flamme – Die Geschichte des Zündholzes in Grafenwiesen 53
Die „gute Stube" der Oberpfalz – Der Spiegelsaal der Bezirksregierung in Regensburg 57
Ein Blick zurück – Die Knopfindustrie Bärnau als Lebensgrundlage für einen armen Landstrich 60
Geheimnis für immer – Der mysteriöse Steingarten eines Gärtners und Hobbybildhauers 64
Blutende Wunden und Nahrungslosigkeit – Die Mystikerin Therese Neumann aus Konnersreuth 67
Ein wunderbarer Ort des Miteinanders – Das Misrach-Denkmal des israelischen Weltkünstlers Dani Karavan in Regensburg 70
In Ruhe – gelassen – Das Stiftland im Norden der Oberpfalz mit seinem Zentrum Waldsassen 74
Die wundersame Geschichte einer Wohltäterin – Josefine Haas und ihre löbliche Stiftung 77

Vorwort

Die Oberpfalz ist ein ruhiger, zum großen Teil noch naturbelassener Regierungsbezirk im Nordosten des Freistaates Bayern. Sie grenzt an Tschechien und an die bayerischen Regierungsbezirke Oberbayern, Niederbayern, Mittelfranken und Oberfranken. Die größeren Orte sind neben der Haupt- und Welterbestadt Regensburg, Weiden und Neumarkt, Tirschenreuth und Schwandorf sowie Amberg und Cham.

Herausragende Landschaften sind das ehemalige Reichsstift Stiftland, der Oberpfälzer Wald mit seinen vielen Burgen und anmutigen Tälern oder der Steinwald mit seinen Naturschönheiten, zum Beispiel den Basaltkegeln oder Wackelsteinen.

Daneben öffnen sich die geheimnisvollen Naturlandschaften für wunder- und wanderbare Eindrücke abseits der belebten Routen.

Man kann es schon sagen: Die Oberpfalz hat sich in den letzten Jahren zu einem der touristischen Anziehungspunkte im Freistaat Bayern entwickelt. Dabei haben sich die sympathischen Eigenarten des Landstrichs und der hier lebenden Menschen erhalten: ihre Bescheidenheit und ihre Zuverlässigkeit. Das gilt für den täglichen Umgang ebenso wie für die touristischen Angebote – mehr Sein als Scheinen, so lautet die unausgesprochene Devise.

Geschichtliche Erfahrungen in einem mehrfach geplagten Grenzgebiet an der tschechischen Grenze spiegeln sich hier wider. Sie sind aber spätestens seit der Öffnung des Eisernen Vorhangs um die Jahrtausendwende einem freundschaftlichen Miteinander gewichen. Diese positive Grundstimmung spürt man überall in der Region. Sie sollten sich davon überzeugen.

Viel Freude beim Entdecken dieser ganz besonderen Region wünscht

Reiner Vogel

Elvis auf Manöver - Wie der „King of Rock 'n' Roll" die Hirschauer begeisterte

Das war schon eine Begegnung der ganz besonderen Art. Immerhin war in die folgende Geschichte einer der damals bekanntesten Menschen des Planeten verwickelt. Da trafen also im Jahr 1960 inmitten der damals doch noch sehr abgelegenen Oberpfalz zwei Männer zusammen, die unterschiedlicher nicht sein konnten. Es waren dies der eingefleischte und eigenwillige Heimatjournalist mit dem „Künstlernamen" Sepp Müller Anderl und der weltbekannte Elvis Presley, genannt „King of Rock ‘n‘ Roll".

Anschauliche Details zu diesem Aufeinandertreffen hat der Amberger Zeitungsredakteur Wolfgang Houschka vielfach festgehalten. Demnach war der 5. Februar 1960 ein kalter Wintertag. Der Lokalreporter Sepp Müller Anderl hielt sich in seiner Wohnung am Marktplatz auf, als ihn von der Straße her jemand rief: „Komm runter. Der Elvis ist da." Der bekennende Volksmusikfreund Sepp kannte bis dato den durch seine Rocksongs schon berühmt gewordenen Sänger allerdings nicht, schnappte sich aber trotzdem die Kamera, Blitzlichtbirnen und einen kleinen Notizblock. Man weiß ja nie, dachte er sich wohl.

Und tatsächlich wurde dem Müller Sepp Anderl schnell klar: Der hübsche junge Mann mit dem Militärparka und der gefütterten Wintermütze muss „irgendwie" (?) schon sehr bekannt sein. Elvis Presley, der zu dieser Zeit bei der US-Armee seinen Wehrdienst ableistete und während des Manövers „Wintershield" auch durch die Oberpfalz unterwegs war, stand lässig neben einem vom ihm gesteuerten Jeep am Marktplatz. Die Nachricht verbreitete sich wie ein Lauffeuer. „Elvis ist in der Stadt. Ist er es wirklich?“ Immer mehr, meist jugendliche, Fans erschienen. Erst als sie den Superstar sahen, war klar: „Er ist es wirklich.“ Daheim in ihren Zimmern lagen seine Platten und jetzt war er hier – am Marktplatz von Hirschau. Und dieser Weltstar war nahbar, freundlich, lächelte seine Fans an.

Sepp Müller, nun schon sehr neugierig geworden, stellte sich als „Country Reporter“ vor und verknipste einen kompletten Film, nur so – für alle Fälle. Die beiden Männer fanden einander sympathisch, verständigten sich mit Händen und Füßen. Das ging sogar so weit, dass Müller dem Weltstar sein in der Nähe geparktes DKW-Sportcoupé zeigte. Autofan Elvis wollte es ihm sofort abkaufen, doch kam das Geschäft wegen der Verständigungsprobleme nicht zustande. Zumindest wird dies später von dem Schlitzohr Müller-Anderl so kolportiert. Elvis Presley gab dem englisch radebrechenden Reporter Sepp Müller aber ein kurzes Interview, schrieb zehn Autogramme auf dessen Notizblock, ließ sich geduldig fotografieren und lieferte sich sogar eine lockere Schneeballschlacht mit Hirschauer Fans. Alle waren hellauf begeistert.

Als es längst dunkel war, verlagerte sich das Geschehen in das nahe Gasthaus „Goldenes Lamm“. Elvis ließ sich auf einem Holzstuhl nieder, trank Coca-Cola und schrieb weiterhin fleißig Autogramme. Lächelnd lehnte er aber ab, etwas zu singen. Wie später bekannt wurde, waren ihm während der Militärzeit Konzerte untersagt. Blieb die Frage: Warum kam Elvis überhaupt nach Hirschau? Ganz einfach. Elvis hat in Hirschau zusammen mit ein paar Kameraden auf das Eintreffen eines US-Militärkonvois gewartet, der sich reichlich verspätete. Deshalb also der Aufenthalt in der kleinen Provinzstadt.

Dann war der Sänger wieder fort – eng eingebunden in das Manöver alliierter Truppenverbände. Doch Elvis Presley hinter-

ließ in Hirschau Spuren, die auch heute noch betrachtet werden können: Unterschriften, Fotos und vor allem Fans, die ihn bis heute als sympathisch und unkompliziert im Gedächtnis behalten haben. Später sagte der unterdessen wie Elvis verstorbene Lokalreporter Sepp Müller bedauernd über seinen berühmten Interviewpartner: „Er besaß zwar Berge von Geld. Aber er konnte wegen seiner Popularität ohne Menschenauflauf nicht über die Straße gehen. Das ist wirkliche Armut."
Nach seinem Aufenthalt in Hirschau und der Rückkehr in die Vereinigten Staaten schrieb Elvis einen Brief an „Dear Sepp …". Dieser endete mit den Worten „Keep up the good work", was so viel bedeutete wie „Mach weiter so". Sepp Müller hob den Brief auf und vermachte ihn seiner Tochter, die ihn an die Staatliche Bibliothek Regensburg weitergab. Elvis Presley starb am 16. August 1977 in seiner Villa Graceland. Sein außergewöhnliches Leben hatte ihn schwer gezeichnet, die ganze Welt nahm daran Anteil. Sepp Müller Anderl starb am 23. Juni 1994 im Alter von 68 Jahren. Wie es heißt, erlitt er im Wald einen Herzinfarkt.

Ganz nahbar und unkompliziert – Elvis 1960 in Hirschau.

Der Sepp war als freier Journalist – das Wort „frei“ war ihm wichtig – für mehrere Lokalzeitungen in der Oberpfalz tätig. Der Schreiber dieser Zeilen durfte ihn auch manchmal als BR-Berichterstatter für kleinere, regionale Sportereignisse beschäftigen. Müller-Anderl war das genaue Gegenteil eines 08/15-Menschen. Der Kontakt mit ihm war eine aufrichtige und stete Freude.
Im sehr anschaulich aufgebauten Militärmuseum Grafenwöhr begegnet man auch dem Thema „Elvis in der Oberpfalz“. Hier gibt es einen Raum, der sich in einer Dauerausstellung ausschließlich dem King of Rock ’n’ Roll widmet. Der Sammler und Elvis-Experte Wolfgang Houschka aus Fensterbach hat dafür seine größten Schätze zur Verfügung gestellt. Das sind seltene Sammlerstücke wie Plakate, Schallplatten, Autogramme von Wegbegleitern.

Die falsche Verlobung - Wassily Kandinsky, Gabriele Münter und die Liebe

„Du hast mich nie froh und glücklich gemacht“ – so schrieb eine enttäuschte Gabriele Münter 1916 nach ihrer letzten Begegnung in Stockholm an Wassily Kandinsky. Dabei hatte die Künstlerromanze zwischen dem großbürgerlichen, russischen Expressionisten und der noch jungen, sehr talentierten Malschülerin durchaus hoffnungsvoll begonnen. Und was hat das mit der Oberpfalz zu tun? Nun - eine wichtige Wegmarke für die beiden war Kallmünz, die immer wieder gerühmte „Perle des Naabtals“. Bevor noch näher von dem oftmals etwas gockelhaft anmutenden Großkünstler und der finanziell gut gestellten, höheren Bürgertochter die Rede sein soll, sei darauf verwiesen, dass Kallmünz ein Künstlerdorf war und immer noch ist. Dies nicht nur deswegen, weil die Häuser in den engen Gassen die zahlreichen Besucher ungewöhnlich farbenfroh begrüßen. Es gibt hier auch Schaufenster mit kunstgewerblichen Angeboten, die Möglichkeit zu Atelierbesuchen oder originelle Töpferwaren. Nicht zu vergessen die traumhaft verwinkelten Gaststätten mit knarzenden Holzböden und Angeboten wie etwa regionalem Schmalzgebäck. Hier darf auch mal auf das neuzeitliche Kalorienzählen verzichtet werden. Eine weitere Besonderheit in Kallmünz ist das „Haus ohne Dach“ in der Vilsstraße. Diese Höhlenwohnung in einem Felsen besteht lediglich aus einem winzigen Gang, einem Wohnbereich, zwei Lagerstätten und einem Raum, in dem früher das Fleisch geräuchert wurde. Das „Haus ohne Dach“ ist mittlerweile unter den touristischen Attraktionen der Oberpfalz eine eigene, gern diskutierte Größe. Und über dem tatsächlich malerischen Häuserensemble thront eine altehrwürdige Burgruine. Das Ende der Verteidigungsanlage wurde im Dreißigjährigen Krieg besiegelt, als sie erst von den Kaiserlichen geplündert, dann von den Schweden 1641 in Brand gesteckt wurde. Die alten Häuser des Marktfleckens am Zusammenfluss von Naab und Regen lehnen sich dennoch behaglich an diesen Burgfelsen auf dem so genannten Schlossberg.

Angesichts der reizvollen Umgebung verwundert es nicht, dass Anfang des zwanzigsten Jahrhunderts der Münchner Maler und Professor Charles Johann Palmié einen neu eröffneten Gasthof in Kallmünz zu seinem Domizil während der Sommerfrische erkor. Wie es in der 3000-Einwohner-Gemeinde heißt, gab er selbst dem Wirtshaus den Namen „Zur Roten Amsel", bemalte es auch. Kallmünz wurde alsbald zu einem Anziehungspunkt für immer mehr Malerinnen und Maler. Der Bekannteste von ihnen war sicherlich Wassily Kandinsky, der russische Bohemien mit erheblicher Strahlkraft. In seinem Gefolge war dann auch Gabriele Münter. Kandinsky und Münter kannten sich aus der Münchner Malschule des Avantgardisten. Aber die Tatsache, dass Kandinsky verheiratet war, verhinderte zunächst, dass sich die beiden Verliebten zu nahe kamen. Das änderte sich jedoch immer sichtbarer. So erwartete am 19. Juni 1903 Wassily Kandinsky Gabriele Münter an der Schiffsanlegestelle in Kallmünz. Sie war von Regensburg mit dem Personenschiff gekommen. Die Fahrt hatte mühevolle vier Stunden gedauert. Der bewunderte Lehrmeister war schon zwei Wochen zuvor mit anderen Teilnehmern seiner Malschule angekommen.

Kandinsky und Münter, die schon ein Jahr vorher beim Malen in Kochel vertrauter miteinander geworden waren, wurden nun ein Paar und verlobten sich, was sie vor den anderen Malschülern allerdings verheimlichten. Kandinsky, der ja noch verheiratet war und dessen Frau Anna in München lebte, hatte schon Verlobungsringe mitgebracht. Als er aber zwischendurch wegen der

Durch Wassily Kandinsky und seine Gefolgschaft entwickelte sich der Gasthof „zur Roten Amsel" in Kallmünz zum Künstlerdomizil.

Vorbereitung einer Ausstellung nach München fuhr, verschwieg er seiner Frau die Verlobung und legte verstohlen seinen Ring ab. Ella, wie Gabriele Münter von ihm genannt wurde, akzeptierte diese für sie unerfreulichen Heimlichkeiten. Dabei war sie eigentlich eine, „die geheiratet werden wollte" – wie es in einem Katalog zu einer Ausstellung im Lenbachhaus heißt.

Auch um einem unangenehmen Dreiecksverhältnis zu entkommen, unternahmen Kandinsky und Münter ab 1904 ausgedehnte Reisen. Mehrere Monate hielten sie sich in Tunis auf, dann in Rapallo. Es folgte ein Jahr in Sèvres bei Paris. Erst 1908 kehrten sie nach München zurück, bezogen eine Wohnung in Schwabing. 1909 kaufte Gabriele Münter das „Russenhaus" in Murnau, wo beide ihre Kreativität auslebten. Daraus wurde später bis heute andauernd eine der prominentesten Pilgerstätten des Expressionismus in Bayern.

Der Erste Weltkrieg trennte das Paar, denn der Russe Kandinsky musste Deutschland verlassen. Und 1915/1916 kam es zur anfangs erwähnten, letzten Begegnung im neutralen, schwedischen Ausland. Nach der russischen Oktoberrevolution 1917 brach Kandinsky den Kontakt zu Münter endgültig ab. Erst Jahre später erfuhr sie, dass er in diesem Jahr noch einmal geheiratet hatte. Gabriele Münter wurde mit den Jahren zu einer überaus anerkannten Vertreterin des Expressionismus, gehörte der Künstlergruppe des „Blauen Reiter" an. Sie rettete überdies einen bedeutenden Teil der Werke von Wassily Kandinsky durch die Kriegs- und Nachkriegszeit und übergab 1957 viele seiner Werke und anderer Maler des „Blauen Reiter" sowie ihre eigenen dem Münchner Lenbach Haus.

Am 19. Mai 1952 verstarb Gabriele Münter in Murnau. Wassily Kandinsky starb am 13. Dezember 1944 in Neuilly-sur-Seine, nachdem er die französische Staatsbürgerschaft angenommen hatte.

Gott mit dir, du Land der Bayern – Der Schwandorfer Komponist Konrad Max Kunz und die bayerische Hymne

Etwas paradox ist das schon: Jeder „echte“ Bayer und natürlich auch jede „echte Bayerin“ kennen sein bekanntestes Werk, können es vielleicht sogar mehr oder weniger wohlklingend intonieren – nur wenige wissen aber mit dem Namen Konrad Max Kunz etwas anzufangen. Der 1812 in Schwandorf geborene Komponist der „Bayernhymne“ ist eigentlich nur den Insidern und Freunden des Chorliedes bekannt. Dabei hat er mancherlei Beachtung und Würdigung verdient. Dies erfährt, wer sich zu einer der Schwandorfer Stadtführungen anmeldet, die explizit zu den Sehenswürdigkeiten der Stadt leiten – in diesem Fall zum historischen Blasturm.

Kunz wurde zu Beginn des 19. Jahrhunderts als Sohn des Schwandorfer Stadttürmers in ein musikalisches Umfeld hineingeboren. Schon als Kind soll er mit seinem musikbegeisterten Vater in Wirtshäusern und auf Festen gespielt haben. Das war schon einmal ein robuster und volksnaher Beginn. Aufgewachsen ist der Bub im so genannten Blasturm in Schwandorf, einem Wachturm der ehemaligen Wehranlage der Oberpfälzer Kleinstadt. Hier wohnte seit jeher ein Türmer – am Anfang des 19. Jahrhunderts war dies der Vater des späteren Komponisten. Der Türmer hatte eine wichtige Funktion für das Gemeinwohl, musste er doch die Bürgerinnen und Bürger vor Feuer oder feindlichen Überfällen warnen. Ursprünglich stand ihm ein Feuerhorn zur Verfügung, später ein schrilles Feuerglöckchen. Mit einer roten Fahne und nachts mit einer Laterne wies der Türmer in die Richtung, aus der die Gefahr drohte. Weniger dramatisch musste er auch das Herannahen der Postkutsche mit einem Horn melden. Der Türmer hatte also stets auf der Hut zu

sein und damit große Verantwortung für die Einwohnerschaft. Bezahlt wurde er aber nicht übermäßig gut, so ist aus den Schwandorfer Annalen überliefert.
Der quadratisch angelegte Blasturm ist heute eines der Wahrzeichen der Stadt. Die engen Aufgänge und Zimmer sind düster, die spartanische Einrichtung bildet Armut und karge Genügsamkeit ab. Heute informieren übersichtliche Text- und Bildtafeln über den kleinen Buben, der hier einst in bescheidenen Verhältnissen heranwuchs. Nach dem Besuch des Gymnasiums begann Kunz am Lyzeum in Amberg Theologie zu studieren. 1832 ging er nach München zum Weiterstudium und versuchte es nach dem Studienabbruch mit Jura, was er jedoch ebenfalls wieder aufgab. Einen ausgeprägten Durchhaltewillen offenbarte der junge Mann bis dahin nicht, schlug sich stattdessen als Klavierlehrer und Chorleiter durch, bis er schließlich als Chordirigent für das königliche Hof- und Nationaltheater empfohlen wurde. Ein gewaltiger Ansporn und eine Riesenehre!

Im Blasturm von Schwandorf wuchs Konrad Max Kunz als Sohn des Türmers auf.

Hier wirkte er ab 1845 fast dreißig Jahre lang äußerst anerkannt als Chorleiter. Selbst Richard Wagner soll Kunz dafür Respekt gezollt haben und seinen Chor als vielleicht den besten Opernchor in ganz Europa bezeichnet haben. Kunz hat zahlreiche Kompositionen für Männerchöre geschaffen, die auch in Amerika und Australien gesungen wurden. Parallel zu seinem Brotberuf machte er sich als Dirigent und Komponist in der Chor- und Sängerbewegung des 19. Jahrhunderts einen Namen. So wird Konrad Max Kunz 1855 auch musikalischer Leiter der Münchner „Bürger-Sänger-Zunft“, der seinerzeit wohl bedeutendsten kulturell-bürgerlichen Vereinigung von München. Für diese Vereinigung vertonte er im Herbst 1860 das Gedicht „Für Bayern“ des Lehrers und Zunftmitglieds Michael Öchsner, das am 15. Dezember 1860 zum ersten Mal öffentlich gesungen wurde.

Der Musiker verstarb 1875 in München und wurde auf dem dortigen Südfriedhof beerdigt. Um seine großen Verdienste für den Männergesang zu würdigen, bildete sich eine Initiative des bayrischen Sängerbunds und der Münchener Sängergenossenschaft zur Errichtung eines repräsentativen Grabdenkmals. Eine von Franz Xaver Schwanthaler in weißem Marmor ausgeführte Büste von Kunz wurde daraufhin im Oktober 1878 an seinem Grab feierlich enthüllt. Schließlich wurden 1979, gut hundert Jahre nach seinem Tod, die sterblichen Überreste von Konrad Max Kunz zum Städtischen Friedhof Schwandorf überführt. Zu Ehren des Komponisten ist täglich auf dem Unteren Marktplatz der Stadt um 10.00 Uhr und um 17.00 Uhr ein Glockenspiel mit der Bayernhymne zu hören: „Gott mit dir, du Land der Bayern, deutsche Erde, Vaterland! Über deinen weiten Gauen ruhe seine Segenshand! Er behüte deine Fluren, schirme deiner Städte Bau und erhalte dir die Farben seines Himmels weiß und blau!“

Weltklasse auf dem Dorf - Das Konzerthaus Blaibach lockt in die Provinz

Nein, ein beliebiger Kulturmix ist das Konzerthaus Blaibach nun wahrlich nicht. Vielmehr haben hier, in einer schon etwas abgelegenen Ecke des Landkreises Cham, ein paar zielstrebige und dabei höchst sensible Menschen zueinander gefunden. Sie dürfen mit Fug und Recht für sich beanspruchen, dass sie Außergewöhnliches geschaffen haben. Es wird auch als „das Wunder von Blaibach" bezeichnet. Die Besucherinnen und Besucher reiben sich zunächst ungläubig die Augen und nicken dann unwillkürlich zustimmend.

„Ort schafft Mitte" hieß ein bayerisches Modellprojekt, mit dem 2012 der Bau des neuen Bürgerhauses im 2000-Einwohner-Ort Blaibach initiiert und dann auch unterstützt wurde. Die Gemeinde nahe der tschechischen Grenze zählt zu den Regionen, die staatliche Finanzhilfe gut gebrauchen können. Die Finanzierung kam also von außen, die Ideen aber aus der Kommune selbst, wie man in Blaibach selbstbewusst bemerkt. Der Münchner Architekt Peter Haimerl schnürte zusammen mit den Bürgerinnen und Bürgern und dem damaligen Bürgermeister ein Projektpaket, das nicht nur ein Bürgerhaus, sondern auch ein Konzerthaus umfasste. Letztere Anregung hatte der in Niederbayern geborene bekannte Bariton Thomas E. Bauer eingebracht. Er formulierte auch den Anspruch: Der Bau sollte ausschließlich der Qualität des Klanges dienen – ein hehres Unterfangen.

Das ursprünglich anvisierte Baubudget von knapp 1,7 Millionen Euro konnte durch Sponsoren, Förderungen und durch die Unterstützung der Bürger weiter aufgestockt werden. 2014 fand die über die Grenzen des Ortes beachtete Eröffnung statt. Entstanden ist ein modernes kulturelles Zentrum von überregiona-

ler Bedeutung – ein Anziehungspunkt für Kunstinteressenten aus nah und fern. Die Künstlerinnen und Künstler loben immer wieder die hervorragende Akustik des Saales. Mit dem Projekt wurde auch der Ortsmittelpunkt neu bzw. wieder belebt.
Die Fassade des Konzerthauses besteht aus einzelnen, zusammengesetzten Granitsteinen und erinnert an die Wurzeln Blaibachs als Steinhauerdorf. Die abfallende Topografie der Dorfmitte wird geschickt ausgenutzt, indem sich das Konzerthaus wie ein gekippter Kubus in die Erde eingräbt. Das monolithische Gebäude ist damit halb in der Erde versunken. Es wirkt selbstbewusst, aber nicht aufdringlich, setzt ureigene Akzente. Vom Platz am Bürgerhaus führt der Weg über eine offene Treppe unter den Felsen hinab in das mit Holz ausgekleidete Foyer. Hier öffnet sich der Blick in den Konzertsaal des Musikhauses. Kaum zu glauben, dass rund 200 Zuhörer in dem ansteigenden Parkett Platz finden – wobei auch noch die Bühne für 60 Musiker Raum beansprucht. Die Innengestaltung ist vorgegeben durch

Gewagte Architektur in der Oberpfälzer Provinz – das Konzerthaus in Blaibach.

hellen, ausgeklügelt gefalteten Glasbeton, der für die herausragende Akustik sorgt.

Das Veranstaltungsprogramm verrät, dass dieses Umfeld „Weltklasse ins Dorf“ bringt. Man wird also dem gewagten Anspruch gerecht, dem Publikum renommierte Künstler in dörflicher Umgebung zu präsentieren. Kunst, Architektur und Technik vereinen sich hier zu einem Gesamterlebnis. Über das ganze Jahr verteilt werden nicht nur klassische Konzerte, sondern auch zeitgenössische Musik und Vortragsreihen angeboten.

Neben dem Bürgerhaus und dem Konzerthaus wurde das unter Denkmalschutz stehende „Waidlerhaus“ von Architekt Peter Haimerl saniert und innen stark verändert. Der 560 Quadratmeter große Bau bietet Platz für Konzerte, Kulturveranstaltungen und Ausstellungen. Das außergewöhnliche Konzerthaus Blaibach kann von Mai bis September einmal wöchentlich besichtigt werden und ziert seit März 2019 eine 1,45-Euro-Sonderbriefmarke der Deutschen Post nach einem Entwurf von Prof. Armin Lindauer.

Abenteuer unter der Erde – Die Felsenkeller im Untergrund von Schwandorf

„Achten sie auf Ihre Kleidung“ – das wurde dem Reporter gesagt, als er das erste Mal auf das Schwandorfer Felsenkeller-Labyrinth traf. Es war zu Beginn der 2000er-Jahre. Der Grund für die Empfehlung ist unverändert geblieben: Die Besucherinnen und Besucher erwartet unter der Erde auch im Hochsommer eine konstante Temperatur von 8 bis 10 Grad. Da kann man in Shorts und Kurzarm-T-Shirts schnell mal frieren. Zumindest eine Jacke ist also sehr zu empfehlen. Das reicht aber schon als Vorbereitung. Tiefen- oder Platzangst muss nicht sein, auch die so genannten Kellerdiebe gibt es nicht mehr. Wir werden von ihnen aber noch mehr erfahren.

Die Schwandorfer Felsenkeller liegen vorwiegend im Gebiet „Weinberg“ und im „Holzberg“, aber auch im Stadtteil Fronberg. Das Labyrinth von Felsenkellern ist denkmalgeschützt und trägt mittlerweile einen guten Teil zum städtischen Tourismuserlös bei. Bisher wurden über 130 Keller gefunden, die ehemals in den Sandstein gehauen worden waren. Diese Keller liegen teils neben-, teils übereinander.

Einen guten Zugang in die Unterwelt findet man in der Blasturmgasse. Die alten Felsenkeller zeugen von dem ehemals blühenden Braugewerbe in Schwandorf in der Mittleren Oberpfalz. Die historisch weit zurückgreifenden Räumlichkeiten wurden als Gär- und Lagerkeller für Bier errichtet, erlebten aber eine wechselvolle Geschichte. Der Beginn des Stollenbaus wird um 1380 angegeben. Es könnte sich um Suchstollen für die heimische Eisenerzgewinnung handeln, vielleicht wurde hier aber auch ein unterirdischer Steinbruch betrieben. Später wurden die Keller jedenfalls für die Biererzeugung verwendet, das ist gesichert.

Das Bier wurde im 16. Jahrhundert nach dem Verfahren der kalten Gärung hergestellt, wozu es geeigneter Lagermöglichkeiten bedurfte. Auch als Eiskeller wurden die Felsenkeller genutzt.
Mit dem Niedergang des kommunalen Brauwesens ab der Mitte des 19. Jahrhunderts lagerte man in den privaten Kellern landwirtschaftliche Produkte wie Kartoffeln oder Rüben. Ebenso fanden die Keller als „Kühlschränke" für Lebensmittel des täglichen Bedarfs weiterhin Verwendung. Wirtschaftlich, also kommerziell genutzt, wurden sie auch durch die Lagerung von Spirituosen, Kaffee sowie Fleisch und Wurstwaren der örtlichen Metzger.
Diese Nutzung rief schließlich in den 1930er-Jahren die so genannten „Kellerdiebe" auf den Plan. Den von der Not getriebenen Langfingern verdanken es die heutigen Besucher, dass sie durch ein Felsenkeller-Labyrinth laufen können. Denn anfangs gab es zwischen den Räumen noch keine Verbindungen. Die Diebe drangen in diese Unterwelt ein und schlugen mit schwerem Werkzeug Schlupflöcher in die Kellerwände. Auf diese Weise verbanden sie etwa 60 der 130 Keller miteinander. Meist wurde vor Festtagen reichlich gestohlen – so ist überliefert.
Dann wurden die Zeiten allerdings ungleich bedrohlicher. Während des Zweiten Weltkrieges baute man die Stollen teilweise zu

Wo einst Bier in den Schwandorfer Felsenkellern lagerte, finden heute kulturelle Veranstaltungen statt.

Luftschutzkellern oder Lazaretträumen um. In der für die Stadt Schwandorf verheerenden Bombennacht vom 17. April 1945 suchten 6000 verzweifelte Menschen in den Felsenkellern Zuflucht. Auch heute noch ist dieser Unglückstag in das örtliche Gedächtnis eingebrannt.

In den ersten Nachkriegsjahren wollte allerdings so gut wie niemand mehr etwas von dem Leid in den Kellern wissen – die Erinnerungen waren noch zu gegenwärtig. Allmählich verkamen die ignorierten Keller buchstäblich zu Müllhalden. Auch das Wissen um die Geschichte der Felsenkeller war kurz vor der Jahrtausendwende verdrängt, nahezu vergessen.

In den 1990er-Jahren erkannten dann die Stadtverantwortlichen die Besonderheit des Kellersystems. Bei der Stadtverwaltung wurde sogar die Stelle eines eigenen „Felsenkeller-Beauftragten“ geschaffen. Das war schon eine entschlossene Verbeugung vor der eigenen Ortsgeschichte … und eine Chance für den Tourismus. Der städtisch bestellte Geologe Hans-Werner Robold ließ die schmalen Löcher im Labyrinth zu Durchgängen erweitern und Ziegelbögen zur Sicherung errichten.

Seit 1999 gibt es Führungen durch die Felsenkeller, die bald zu einem Riesenerfolg wurden. Heute sind 60 Räume öffentlich zugänglich, allerdings nur mit städtischer Führung. Das örtliche Tourismusamt und das Internet nennen die Termine und Buchungsmöglichkeiten. Damit wird auch der Bogen zur Initiative „Kultur in den Felsenkellern“ geschlagen. Es gibt nicht nur regelmäßig Märchenaufführungen, sondern auch für Erwachsene immer wieder ein attraktives Programm mit Blues- und Rock-Klassikern sowie Formationen, die mit Weltmusik und Oberpfälzer Klängen das Felsenlabyrinth zum Klingen bringen. Die Veranstaltungen mit besonderer Klangkulisse sind mittlerweile zu einer Art „Kult“ in der Region geworden.

Als der Papst noch Professor war – Das Pentlinger Haus von Benedikt XVI.

Zu den herausragenden Daten der altehrwürdigen Reichsstadt Regensburg gehört zweifellos der Besuch von Papst Benedikt XVI. im Herbst 2006. Im Rahmen einer viel bejubelten Pastoralreise in sein Heimatland Bayern hielt das Kirchenoberhaupt nicht nur in München oder Altötting Gottesdienste mit beeindruckendem Zuspruch ab. Er verbrachte überdies auch drei Tage in Regensburg, seinem jahrelangen Lebensmittelpunkt.

Am 12. September 2006 feierte Benedikt auf dem eigens dafür umgebauten Areal des Islinger Feldes im Süden der Stadt mit mehr als 200 000 Menschen eine Heilige Messe. An dieses kirchliche Großereignis erinnert seitdem ein sechzehn Meter hohes Kreuz aus Stahl und Holz, neben dem sich die Altarinsel befand. Der Tag nach dieser überwältigenden Feier war privaten Terminen gewidmet. Benedikt weihte in der Alten Kapelle die neue, nach ihm benannte Orgel ein. Anschließend besuchte er zusammen mit seinem Bruder Georg das Grab der Eltern und der Schwester Maria auf dem Ziegetsdorfer Friedhof. Schließlich ging es nach Pentling zum Privathaus des Papstes, das dort immer noch steht.

In Pentling, nur einen Steinwurf von der neuen Arbeitsstätte in Regensburg entfernt, sollte Ende der 1960er-Jahre dieses Wohnhaus entstehen. Hatte Joseph Ratzinger bislang zur Miete gewohnt, wollte er fortan in eigenen vier Wänden leben und arbeiten, so sagte er zur Begründung für das ruhig gelegene Umfeld. Nicht einmal eine Adresse gab es den dörflichen Erzählungen zufolge anfangs für das mit einem schlichten Garten umgebene Domizil. Ganz unkonventionell einigte sich Ratzinger mit dem Bürgermeister vor Ort auf „Bergstraße“ – so will es die Legendenbildung um den Neubürger. Der Bau sorgte jedenfalls für eine höchst willkommene „Familienzusammenführung“. Wirkte doch Bruder Georg bereits seit Jahren als Chef des weltberühmten Domspatzenchores in der Stadt und auch die Schwester Maria war umzugswillig. Sie hatte ihrem Bruder bereits seit 1959 den Haushalt geführt, blieb also auch in Pentling an seiner Seite, bevor sie ihm noch später zu seinen künftigen Stationen nach München und Rom folgte. Im Speisezimmer wurden von Maria Ratzinger immer wieder die von den Brüdern überaus geschätzten Mehlspeisen serviert. Diese Vorliebe hat sich Benedikt bis zuletzt bewahrt, so wurde immer wieder aus seiner Umgebung erzählt. Nach gut einem Jahr Bauzeit konnten die Geschwister Ratzinger Weihnachten 1970 erstmals zusammen im neuen Haus ihres Bruders feiern.

Das heute so bezeichnete „Papsthaus“ steht in einer Sackgasse von Pentling, der Verkehrslärm der nahen Straße zur Autobahn dringt zum Wohnumfeld herüber. Das baumbestandene Grund-

Auffällig unauffällig – das private Wohnhaus Papst Benedikts, heute Teil einer Stiftung.

stück mit dem Bungalow ist „auffällig unauffällig“. Lediglich am Tor einer Garage wird dezent auf die Prominenz des ehemaligen Bewohners hingewiesen. Eine Informationstafel gibt kurze Erklärungen, zeigt Bilder der drei Ratzinger-Geschwister. Ein Schild weist auf den ehemaligen Bewohner hin: „Mitbürger seit 1969 / Ehrenbürger seit 1983“. Schließlich begrüßt im Eingangsbereich seit dem 19. September 2012 eine Bronze-Büste des Erbauers und Hausherrn Joseph Ratzinger die Besucher. Die Büste stammt vom oberbayerischen Bildhauer Johann Brunner. Das ist schon alles. Der Garten wurde im Zuge der Renovierungsarbeiten verjüngt. Die Brunnenfigur und die Katze, zwei Bronzeskulpturen der Chiemgauer Künstlerin Christine Stadler, sind als Kopien aufgestellt.

Das Haus in Pentling war von 1970 bis 1977 der private Wohnsitz von Professor Joseph Ratzinger. Auch als späterer Erzbischof von München und Freising sowie als Präfekt der römischen Glaubenskongregation behielt er sein schmuckloses Privathaus, verbrachte hier immer wieder einige ruhige Tage. Das letzte Mal war er dann als Papst Benedikt im September 2006 in seinem Haus hier. Im September 2010 hatte in seiner Vertretung Bruder Georg Ratzinger den Schlüssel des Gebäudes an den Regensburger Bischof Rudolf Voderholzer übergeben. Dies geschah in dessen Funktion als Direktor des Instituts Papst Benedikt XVI.

Damit hatte Joseph Ratzinger sein Privathaus in Pentling der Stiftung Papst Benedikt XVI. übertragen, die zukünftige Nutzung und Betreuung in die Hände des Instituts gelegt. Deren Ziel ist es bis heute, dass das Gebäude mit dem Leben und Arbeiten des einstigen Dogmatik-Professors Ratzinger verbunden bleibt. Es wurde wieder so hergerichtet, wie es sich Ratzinger für die Jahre seines wissenschaftlichen Wirkens als Professor an der

Katholisch-Theologischen Fakultät der Universität Regensburg eingerichtet hatte. Die Bibliothek im Arbeitszimmer entspricht weitgehend der Bibliothek Joseph Ratzingers aus dem Jahr 1977. Etliche Bücher, die seinerzeit zurückgelassen worden waren und den handschriftlichen Besitzvermerk „Joseph Ratzinger“ tragen, sind in die Bibliothek integriert. Das Haus steht nach Anmeldung Interessierten für eine Führung offen (info@institut-papst-benedikt.de). Gruppentermine können speziell abgestimmt werden.

Wo Österreich entstanden ist - Die Kreuzhofkapelle „in den Wiesen von Barbing"

Heutzutage ist es nicht mehr vollkommen ungewöhnlich, dass eine Privatperson ein Gotteshaus kauft, es nach seinen Vorstellungen herrichtet und danach bewohnt oder vermietet. Gut, das kommt nicht ständig vor, aber immerhin: Die Kirchen in Deutschland sehen sich immer öfter dazu gezwungen, den einen oder anderen Kirchenraum zu profanieren oder anders gesagt zu „entwidmen". Dieser Vorgang ist praktisch die Umkehrung der vormaligen Kirchenweihe. Er geschieht beispielsweise wegen rückläufiger Kirchensteuereinnahmen oder bei Schließung eines Klosters.

Die Kreuzhofkapelle in der Nähe des Regensburger Osthafens wurde 1948 von dem späteren ersten Bezirksheimatpfleger der Oberpfalz, Georg Rauchenberger, gekauft. Das war zu dieser Zeit noch sehr selten. Gegen Ende des Zweiten Weltkrieges hatten hier mehrere Bomben eingeschlagen, der gesamte umliegende Kreuzhof mit seinen Wirtschaftsgebäuden war niedergebrannt, beim Gotteshaus der Dachstuhl und die Deckengewölbe massiv geschädigt. Wie in manchen Artikeln der damaligen Zeit zu lesen ist, machte sich Georg Rauchenberger bald mit eigener Muskelkraft und Organisationstalent daran, den Bau wieder wohnlich zu gestalten, auch eine Koch- und Schlafgelegenheit richtete er sich nach und nach ein.

Der Heimatpfleger kämpfte gleich auf mehreren Feldern. Als 1960 eine geplante Erweiterung des Regensburger Osthafens die Kapelle in ihrem Bestand erneut gefährdete, erreichte der streitbare Rauchenberger, dass die Hafeneinfahrt um einige hundert Meter verlegt wurde. Den Wiederaufbau der Kapelle

Auf dem umliegenden Areal der Kreuzhofkapelle entstand im 12. Jahrhundert die so genannte Mark Österreich.

zwischen 1950 und 1973 finanzierte er weitgehend aus privaten Mitteln. Ihm verdanken wir den freien Blick auf ein historisches Ereignis von enormer geschichtlicher Bedeutung. Die Klassifizierung „europäisch“ darf dabei ruhig gebraucht werden. Auch im Regensburger Umland ist dieser Umstand nicht allzu bekannt. Denn hier schlug die Geburtsstunde des späteren Staates Österreich.

Der aktuelle Regensburger Stadtheimatpfleger Professor Gerhard Waldherr führt immer wieder geschichtsinteressiertes Publikum zum Kreuzhof-Areal in der Nähe einer höchst „neuzeitlichen“ Kläranlage – ein beinahe erschütternder Kontrast zum trutzigen, romanischen Gotteshaus. Im Jahre 1156 hatte Kaiser Friedrich Barbarossa die Reichsfürsten nach Regensburg geladen. Vor die Stadt hinaus in „prato Barbingin“, also auf die „Barbinger Wiese“ sollten die Edelmänner kommen. Nach vorangegangenen Gebietsstreitigkeiten und Loyalitätsgeplänkeln wurden hier dann die Ergebnisse von Geheimverhandlungen

verkündet: Heinrich der Löwe wurde rechtmäßiger Herzog von Bayern, die so genannte Mark Österreich wurde von Bayern aber abgetrennt und zu einem eigenständigen Herzogtum erhoben. Das dazugehörige „Privilegium minus“ soll nach der feierlichen Zeremonie in der Kreuzhofkapelle besiegelt worden sein. „Tu felix austria“ (du glückliches Österreich) war damit gezeugt. Die Kreuzhofkapelle aus dem 12. Jahrhundert zeigt sich in einfachen, romanischen Formen. Im Jahr 1147 sammelte der deutsche König Konrad III. auf dem Gelände am Kreuzhof ein großes Heer für den Zweiten Kreuzzug. Nur 42 Jahre später, im Jahr 1189, wiederholte sich dieses Ereignis unter Kaiser Friedrich Barbarossa. Das Obergeschoss der Kapelle diente wohl als Herberge und manchmal auch als Zufluchtsstätte. Es konnte von außen über eine schmale Steintreppe erstiegen werden. Die Mauern sind klobig dick und wehrhaft, errichtet aus Sandstein. Im Inneren ist die Saalkirche schnörkellos eingerichtet – regelmäßige Gottesdienste finden nicht mehr statt. Jahr für Jahr gibt es allerdings immer noch Maiandachten und manchmal auch Trauungen.
Kleiner Nachtrag zu der großen Geschichte der kleinen Kapelle: Nach seinem Tod 1973 fand der verdienstvolle und streitbare Georg Rauschenberger seine letzte Ruhestätte in der Gruft „seiner“ Kirche. Sie ist heute im Eigentum der Regensburger Kirche. Zur Bezeichnung „Kreuzhof“ sei noch erwähnt, dass das Regensburger Nonnenkloster Heilig Kreuz hier von 1278 an bis in das 19. Jahrhundert hinein Ländereien und einen Gutshof besaß.
Bis heute, so wird behauptet, kommen auch immer wieder Österreicher zur „Barbinger Wiese“. Mit Blick auf die Kreuzhofkapelle können sie hier ihrer eigenen Geschichte etwas nachspüren. Ach ja: Als Hochzeitskapelle soll das kleine Kirchlein ein Geheimtipp sein.

Jahrelang als Täter unerkannt – Der Regensburger Horst David ermordete mindestens sieben Frauen

Der Biedermann als Massenmörder – so lautete eine der bundesweiten Schlagzeilen, nachdem der Regensburger Horst David 1994 sieben Morde gestanden hatte. Zwei Prostituierte in München und fünf Rentnerinnen in Regensburg waren durch seine Hände umgekommen. In allen Fällen spielten nach Aussage des damaligen Ermittlers Josef Wilfling finanzielle Aspekte eine Rolle. Dazu hieß es in der MZ-Serie von 2016 unter dem Titel: „Horst David, der Mörder von nebenan“ ganz trocken: „Dabei war jedes Mal die Beute so gering, dass sich David auch auf Handtaschenraub spezialisieren hätte können.“ Ausgeschlossen hat der inzwischen verstorbene, langjährige Chef der Münchner Mordkommission Wilfling nicht, dass David noch weitere Morde begangen hat. Es könnten noch vier sein, so mutmaßte Wilfing, was David aber bis zuletzt abgestritten hat. Im Dezember 1995 verurteilte ihn das Landgericht München zu einer lebenslangen Haft. Er verstarb nach rund 25 Jahren Haft in der Justizvollzugsanstalt Straubing.

Mit einem Namensschild um den Hals wurde der 1938 in Breslau geborene Horst David sechsjährig allein auf dem Bahnhof in Hof aufgefunden. Er kam in ein Kinderheim. 1948 konnte zwar die Mutter in Cuxhaven ermittelt werden – die beiden begegneten sich aber nie. Da gab es wohl kein Interesse der Mutter, so darf angenommen werden. David lebte nach abgeschlossener Malerlehre zunächst als angestellter Maler in Hainsacker bei Regensburg. 1963 heiratete er, wurde zweifacher Vater. Bald benahm er sich aber etwas merkwürdig, blieb oft tagelang von zu Hause weg – so wurde später ermittelt. David gab in München oder Hamburg viel Geld für käufliche Frauen aus, der eige-

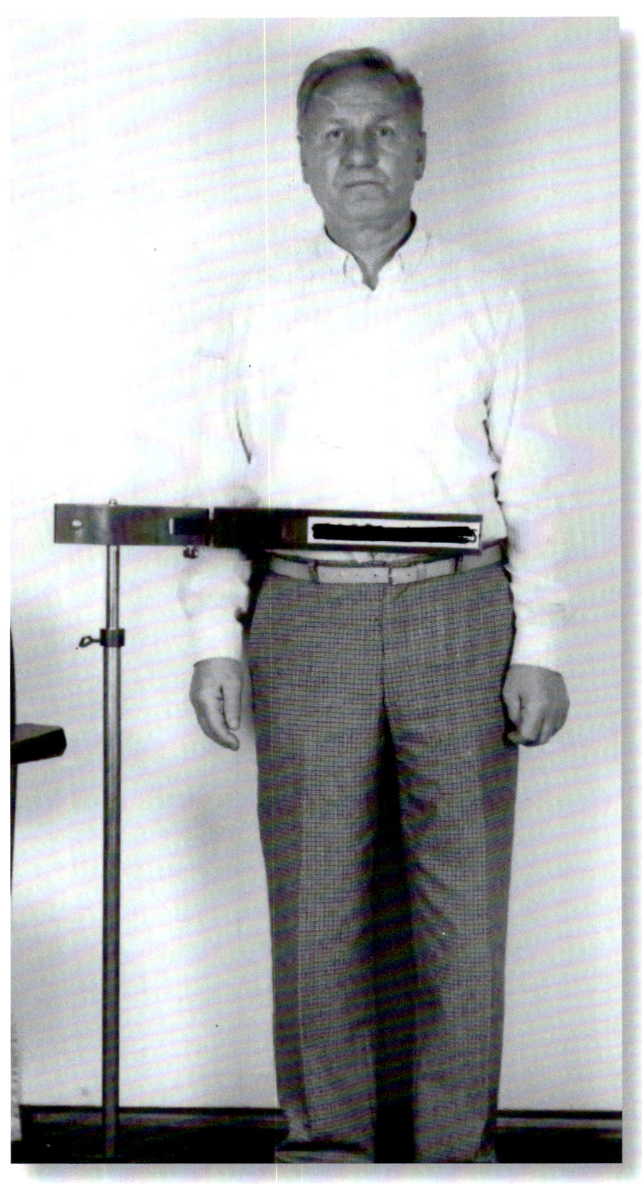

Hatte sieben Menschenleben auf dem Gewissen – der Regensburger Horst David.

nen Familie ging es finanziell schlecht. Es kam schließlich zur Scheidung. Weil David auch noch seine Arbeitsstelle als Maler gekündigt hatte, lebte er ab 1984 von Sozialhilfe in Regensburg. Seine Morde blieben lange Zeit unentdeckt.

Am 22. August 1975 erwürgte Horst David während einem seiner Ausflüge in München die Prostituierte Waltraud F., zwei Tage später Fatima G. Er durchsuchte auch deren Wohnungen. Mit beiden Frauen habe er darüber gestritten, dass sie für ihre Dienste mehr Geld verlangt hätten, als vereinbart gewesen war. Dann gab es lange Zeiten ohne direkte Ermittlungsspuren. Im September 1993 – lange achtzehn Jahre nach den Morden in München – fand man dann Davids Nachbarin Mathilde St. erwürgt in ihrer Wohnung auf. David war Hauptverdächtiger, wurde wegen seiner Fingerabdrücke am Tatort festgenommen. Es kam aber nicht zur Verhandlung oder Verurteilung. Wie sich herausstellte, hatte sich David offenbar zeitweise erlaubt in der Wohnung seiner Nachbarin aufgehalten. Mit anderen Worten: Die Polizei hatte keine stichhaltigen Beweise.

Es kamen aber in diesem Fall deutlich verbesserte Ermittlungsmethoden zum Tragen. Davids Fingerabdrücke wurden routinemäßig an das Bayerische Landeskriminalamt übersandt. Das noch brandneue „Automatisierte Fingerabdruckidentifizierungssystem" erkannte 1994 eine Übereinstimmung mit den achtzehn Jahre zuvor bei der toten Fatima G. gesicherten Fingerabdrücken. Die Aufklärung dieses Verbrechens gilt als Meilenstein der deutschen Kriminalgeschichte. Erstmals gelang es, eine fast 20 Jahre zurückliegende Tat aufzuklären.

Nach anfänglichem Leugnen gab Horst David die Tötung der zwei Prostituierten in München zu und räumte später noch weitere Morde ein. Das waren: 1981 die 59-jährige Rentnerin Barbara E., 1983 die 67-jährige Rentnerin Martha L., 1984 die 70-jährige

Rentnerin Maria B. und 1992 die 84-jährige Rentnerin Kunigunda Th. Es ging tatsächlich immer um Geld. Die drei Opfer aus den Jahren 1981 bis 1984 wollten David für die Renovierung ihrer Wohnungen engagieren, ihm aber kein Geld leihen oder Vorschüsse bezahlen. Die Leichen der Frauen wurden teilweise so drapiert, dass von Haushaltsunfällen ausgegangen worden war - sie also nicht als Verbrechen erkannt worden waren.

Horst David hat letztlich sieben Morde gestanden, sodass ihn das Landgericht München I im Dezember 1995 zu lebenslanger Haft verurteilte. Er verstarb nach rund 25 Jahren Unterbringung in der Justizvollzugsanstalt Straubing. Über den außergewöhnlichen Täter wurde sogar ein Doku-Drama gedreht und in der ARD unter dem Titel: „Der Mann, dem die Frauen vertrauten“ mit Ulrich Tukur in der Hauptrolle ausgestrahlt. Aus dem Straubinger Gefängnis ließ der Serientäter mitteilen, er sei mit seiner Darstellung im Film sehr zufrieden.

Die Oberpfälzer Hauslandschaften – Lebendige Heimatkunde im Freilandmuseum Neusath-Perschen

Das Freilandmuseum Neusath-Perschen bei Nabburg im Landkreis Schwandorf begleitet den Schreiber dieser Zeilen schon ein ganzes Reporterleben lang und auch weite Strecken seiner privaten Erlebnisse. Die Erinnerungen sind durchgehend angenehm. Da war im März 1980 der erste Spatenstich durch den kulturinteressierten damaligen Bezirkstagspräsidenten Alfred Spitzner – er wurde scherzhaft als „Sonnenkönig der Oberpfalz" bezeichnet. Nachdem Oberbayern das Freilichtmuseum Glentleiten hatte, sollte die Oberpfalz nicht hintanstehen, so meinte er sinngemäß. Da war also noch Nachholbedarf.

Es folgten die offizielle Eröffnung mit regional stolz geschwellter Brust und für den Reporter immer wieder Rundfunkbeiträge zum Fortgang der Arbeiten auf dem großzügigen Gelände. Im Lauf der Jahre bildete sich auch ein immer klareres Leitbild für das Museum heraus. Das Freilandmuseum Oberpfalz will das kulturelle Gedächtnis der Oberpfalz sein. Es sammelt, bewahrt und erforscht gegenwärtige und frühere Zeugnisse des ländlichen Raumes – dies alles ausgerichtet auf den Menschen in der Region. Das Museumsgelände ist 30 Hektar groß und liegt herrlich in der leicht geschwungenen Landschaft der Mittleren Oberpfalz, unweit der A-93-Abfahrt Nabburg.

„Immer wieder waren wir mit den Töchtern hier auf kindlicher Entdeckungsreise zu ‚Ochs und Esel'. Auch Aktionstage wie ‚Brotbacken' oder ‚Erntedank' interessierten die heranwachsenden Kinder sehr. Neben dem sich ‚satt Sehen' an bäuerlicher Kultur konnten sich bald auch alle Besucherinnen und Besucher im Museumswirtshaus Unterbürg ‚satt essen'." Während der

Saison gibt es hier regionale Spezialitäten wie Bauernseufzer mit Sauerkraut, Hausmacher Presssack oder Oberpfälzer Bauerngeräuchertes – bei schönem Wetter im Biergarten vor dem Haus, manchmal auch mit Volksmusik aus der Region.

Das Freilandmuseum Neusath ist immer noch und immer wieder ein spannendes Gelände – jetzt halt mit den Enkelkindern im Schlepptau. Deren Fragen ähneln denjenigen ihrer Eltern: „Und so arm haben die Leute gelebt?“ Ja, das Freilandmuseum des Bezirks Oberpfalz in Neusath bietet immer wieder interessante Einblicke in das ländlich-bäuerliche Leben früherer Zeit. Arm waren die Leute vielleicht – möglicherweise aber zufriedener als spätere Generationen.

Die Häuser wurden einst von Bauern, Söldnern, Häuslern, Webern, Hirten, Müllern, Jägern und Adligen bewohnt. Die mittlerweile 50 wieder errichteten Gebäude zeigen das Bauen, Wohnen und Wirtschaften der letzten 300 Jahre in ihrer regionalen und sozialen Vielfalt. Der etwa zweistündige Rundgang führt vom „Stiftlanddorf“ über das „Waldlerdorf“ zum „Mühlental“ und

Im Museum Neusath wird Geschichte lebendig.

„Juradorf" und weiter vom Vierseithof über das Hirtenhaus zum Landsassengut sowie von der Kapelle zum Wirtshaus. Eine eigene Baugruppe mit alten Häusern aus der Mittleren Oberpfalz soll ländliches Handwerk und Landhandel dokumentieren. Dazu gehört neben einer Schmiede auch die Raiffeisenlagerhalle aus Floß aus dem Jahr 1899.

Viele Schulklassen dürfen auf dem Gelände einen lebendigen Heimatkundeunterricht erleben. Das macht allen richtig Spaß und bietet nachhaltige Eindrücke. Die Felder werden von Landwirten des Museums traditionell bewirtschaftet. Jedes Jahr dokumentieren Wissenschaftler die Veränderungen in der Natur. Neben den stets geöffneten Gebäuden trifft man beim Rundgang durch das Museumsgelände immer wieder auf alte Haustierrassen wie Gänse, Schafe, Rinder, Pferde und Ziegen. Auch Pfauen, Schweine und Kaninchen leben in den Ställen und auf den Weiden, was nicht nur Stadtkinder begeistert.

Und dann gibt es da auch noch die akribisch betriebene Sammlertätigkeit der Museumsleute von Neusath. Ob Dreschmaschinen, Leichenwägen, Strümpfe, Stühle und Kochlöffel – sie können alles gebrauchen. Rund 40 000 Objekte werden in einem Zentraldepot aufbewahrt. Dies ist eine riesige Wundergrube für volkskundlich Interessierte.

An dieser Stelle sei auch noch ein Gedanke angeführt, der den Museumsleuten von Anfang an in vielen Diskussionen wichtig war. Die in Neusath gezeigten Gebäude sind nur deshalb hier, weil sie als kulturgeschichtliche Zeugnisse an ihrem ursprünglichen Standort nicht mehr erhalten werden konnten. Der Idealzustand wäre nämlich, dass sie noch in ihrer angestammten, dörflichen Umgebung stünden. Da das nicht möglich war, wurden sie Balken für Balken vermessen, abgebaut und zentimetergenau im Museumsdorf Neusath wieder aufgestellt.

Dieses aufwändige, natürlich auch teure Verfahren zur Rettung von Kulturgut kann aber durchaus einen wichtigen Lerneffekt auslösen: Erhaltet die historischen Gebäude möglichst an Ort und Stelle! Das ist keine billige Nostalgie, sondern auch eine Frage der Ästhetik, der eigenen Identität. Leider gibt es immer noch die mindestens fragwürdige Angewohnheit, toskanische Bauformen in Oberpfälzer Dörfern zu verwirklichen. Man könnte weinen bei einschlägigen Anblicken in manchen modernen Neubaugebieten.

Das führt unmittelbar zurück in den Ort Perschen zum nahegelegenen Edelmannshof, einer ehemaligen Pfarrhofanlage, die der Ursprung des späteren Freilandmuseums ist. Der Hof in Perschen wurde 1605 ausgebaut und 1964 durch einen eigens gegründeten Museumsverein als „Oberpfälzisches Bauernmuseum Perschen“ eröffnet. Der Bezirk Oberpfalz übernahm 1977 die Anlage. Hier finden heute regelmäßig Veranstaltungen wie der Musikantenstammtisch und die Museumskirchweih statt. Während der Museumssaison treffen sich jeden Mittwoch bis zu elf Marktfrauen und -männer zu einem Bauernmarkt und bieten ihre regionalen Produkte an.

Die Königsgeliebte und das wütende Volk - Lola Montez suchte auf ihrer Flucht in Vilseck Unterschlupf

Einen derartigen Skandal hatte es im Bayernland bislang noch nicht gegeben! Auch nach den Geschehnissen Mitte des 19. Jahrhunderts wurde kaum mehr derart geballte öffentliche Empörung laut. Da hatte doch eine junge Tänzerin dem König derart den Kopf verdreht, dass dieser sogar die Staatsräson ins Wanken brachte. Das war dann doch zu viel für das ansonsten geduldige Volk der Bayern. Nach seiner Affäre mit Lola Montez dankte Ludwig I. schließlich im Revolutionsjahr 1848 zugunsten seines Sohnes Maximilian II. ab. Um die Ereignisse zu verstehen und auch den Schlenker in die Oberpfalz mit einzubinden, sind einige Vorbemerkungen angebracht. Dabei öffnet sich auch ein interessanter Blick in die bayerische Lebenswelt des 19. Jahrhunderts.

Die spätere Lola Montez wurde 1821 als Tochter des schottischen Offiziers Edward Gilbert und dessen Frau Eliza geboren. Der Vater starb bald, das Kind wuchs in Schottland oder England auf, besuchte ein Internat für höhere Töchter. Um einer so genannten Zweckehe mit einem wesentlich älteren Richter zu entgehen, ließ sich die junge Frau von dem englischen Offizier Thomas James 1836 nach Irland entführen, heiratete ihn und ging mit ihm nach Indien. Die Ehe dauerte nur kurze Zeit und Eliza Rosanna Gilbert landete in London, wo sie die spanische Sprache und spanische Tänze lernte. Nach einem Aufenthalt in Iberien kehrte sie als „Maria de los Dolores Porrys y Montez“, alias „Lola Montez“, nach London zurück.

Sie gab sich von nun an als spanische Tänzerin aus, als Tochter einer verbannten spanischen Adelsfamilie und Witwe eines hingerichteten Rebellen. Der Nachname „Montez“ geht auf einen berühmten Torero zurück. Bald wurde Lola als Hochstaplerin enttarnt und floh aus England. „Das tollkühnste Weib, das irdischen Boden betreten hat“, so ihre Biografin Marita Krauss,

Das auf dem Dachboden des Wünneberghauses von Vilseck gefundene Biedermeier-Kleid könnte von Lola Montez stammen.

zog daraufhin durch Europa und löste mit ihren Affären immer wieder Skandale aus. Einer ihrer Liebhaber wurde in Paris erschossen. Auch namhafte Schriftsteller und Komponisten wie Franz Liszt gehörten zu ihren Verehrern.

Nach zwei Jahren in der „Pariser Szene“ stieg Lola Montez am 5. Oktober 1846 im Bayerischen Hof in München ab und bewarb sich um ein prominentes Engagement als Tänzerin. Durch die bald folgenden Auftritte bei Hofe und am Nationaltheater wurde der König auf die Tänzerin aufmerksam – und verfiel ihr. Man kann es nicht anders sagen – der König wurde liebestoll. Die 25-jährige Tänzerin wurde die Geliebte des 60-jährigen Königs. Dabei war der neunfache Vater mit Prinzessin Therese von Sachsen verheiratet. Übrigens: Wegen deren Hochzeit wurde 1810 erstmals auf der Münchner Theresienwiese das Oktoberfest gefeiert.

Jetzt aber war der König anderweitig berauscht, ließ infolge seiner tumben Hörigkeit sogar sein Testament ändern. Demnach hätte die Geliebte 100 000 Gulden bekommen, wenn sie bei seinem Tod weder verheiratet noch Witwe gewesen wäre. Außerdem sollten ihr bis zu einer anderweitigen Ehe jährlich 2400 Gulden gezahlt werden. Darüber hinaus schenkte ihr der König ein Palais in der Barer Straße in München als Wohnsitz. Der Monarch soll sie dort oft zwischen 17 und 22 Uhr besucht haben. Als der König verlangte, ihr die bayerische Staatsbürgerschaft zu verleihen, baten alle seine Kabinettsmitglieder um Entlassung, die ihnen schließlich gewährt wurde. Lola Montez wurde trotzdem eingebürgert, was zu Tumulten in der Bevölkerung führte.

Doch Ludwig I. gab nicht nach, ganz im Gegenteil. Am 25. August 1847 erhob er Lola Montez in den Adelsstand, machte sie zur Gräfin von Landsfeld – „wegen der vielen, den Armen Bayerns erzeigten Wohltaten“. Dieser Zynismus brachte die Volks-

seele zum Kochen. Die Stimmung in München war zum Zerreißen gespannt.
Lola Montez war bei der Münchner Bevölkerung also höchst unbeliebt und ihr gefiel zunehmend der Gedanke einer studentischen Leibgarde. Und hier biegt diese Geschichte allmählich auch in Richtung Oberpfalz ein. Zu dem aus Vilseck stammenden Corps-Studenten und Vorsitzenden der studentischen Verbindung Alemannia, Elias Peißner, unterhielt Lola Montez ein mutmaßlich intimes Verhältnis. Das gab auch unter den jungen Menschen böses Blut. Es kam zu Auseinandersetzungen zwischen den Studentenverbindungen, sodass König Ludwig kurzerhand die Universität schließen ließ. Am 10. Februar 1848 zogen wütende Studenten und andere Bürger vor die Residenz, Unruhen entstanden in der Stadt. Nach heftigem Protest der Geschäftsleute, Vermieter und Bürger wurde die Universität wieder geöffnet und es erging im Februar 1848 der Befehl, dass Gräfin Landsfeld die Stadt „binnen einer Stunde" zu verlassen habe. Sie flüchtete am 11. Februar 1848 in einer Kutsche, ein Fahndungsaufruf wurde erlassen. Im Kronrat gab Ludwig am 16. März die Erklärung ab, dass Lola Montez nicht mehr bayerische Staatsangehörige sei.
Der Vilsecker Türmersohn Elias Peißner hat Lola Montez auf ihrer Flucht geholfen. Dabei soll sie für ein paar Tage im abgelegenen Vilseck im heutigen Landkreis Amberg-Sulzbach Halt gemacht haben. Im Geburtshaus von Elias Peißner, dem heutigen Wünneberghaus am Stadtplatz von Vilseck, hat sie sich wohl versteckt, während sie in ganz Bayern gesucht wurde. Elias Peißner zeigte sich dabei ziemlich mutig. Auf dem Dachboden des Hauses haben die Besitzer noch bis ins Jahr 2000 ein Kleid aufbewahrt, das der Königsgeliebten gehört haben soll. Eine Untersuchung des Stoffes hat gezeigt, dass es tatsächlich aus

der Spätbiedermeierzeit stammt. Die Farbe braun war 1847 laut dem Berliner Modejournal sehr modern und könnte 1848 für die modebewusste Lola bereits „out“ gewesen sein. Vielleicht hat Lola es deshalb in Vilseck zurückgelassen? Oder es ist einfach auf der Flucht hinderlich gewesen? Möglich ist beides. Seit 2000 ist das Kleid jedenfalls im Türmermuseum von Vilseck zu sehen. Einen letzten Beweis für die Anwesenheit von Lola Montez in Vilseck gibt es zwar nicht – aber vieles spricht dafür.

Und weil es halt auch schön wäre, halten die Vilsecker weiter an der Überlieferung fest. So gibt es etwa ein Theaterstück mit dem Titel: „Die falsche Spanierin“ von Bernhard Setzwein und am Wünneberghaus eine Tafel mit der Inschrift: „Wünnenberghaus, 1598 / Fassadenstuck der Renaissance und des Barocks, mit Wappen der Familie Rosner mit stilisierter Rose /Am 24. Juni 1632 übernachtete hier der Schwedenkönig Gustav Adolf / Geburtshaus von Elias Peißner, geb. 5. September 1825 /1848 soll ‚Lola Montez‘ hier bei der Peißnerfamilie logiert haben“.

Lola Montez lebte ab Februar 1848 in der Schweiz und korrespondierte mit dem verlassenen Ludwig. Es ging um Geld, und der Monarch zeigte sich zunächst großzügig. Nach einem Erpressungsversuch kühlte das Verhältnis ab. Im Jahre 1849 kehrte Lola Montez nach London zurück, unternahm weitere Versuche als Tänzerin, landete schließlich in Amerika. Die „irische Tänzerin“, Hochstaplerin und Königsgeliebte starb am 17. Januar 1861 in New York.

Erlebniseinkauf an der A93 bei Laaber - Eine schokoladige Begegnung der besonderen Art

Was man erwarten kann entlang deutscher Autobahnen sind überwiegend Parkplätze mit Sanitäranlagen mit Tankstellen, pausierende Lastwagen und Raststätten mit überteuertem Essensangebot. Zunehmend zu sehen sind in den letzten Jahren auch braun unterlegte Hinweisschilder, die auf Sehenswürdigkeiten abseits der Route hinweisen.
Bleiben wir mit dieser ungewöhnlichen Geschichte an der A3 zwischen Regensburg und Nürnberg. Hier ist unweit der Ausfahrt 96 „Laaber" an einer Hauswand in großen Buchstaben zu lesen „Pralinenverkauf ab Werk". Da wird man als Autofahrerin oder Autofahrer mindestens neugierig. Wenn man dann den „süßen" Lockruf gar erhört und rausfährt, wartet eine Wunderwelt aus köstlicher Schokolade. Angeboten werden die Süßigkeiten aller Art, die Regale in den Verkaufsräumlichkeiten biegen sich förmlich unter all den Köstlichkeiten.
Hier erwartet die Besucherinnen und Besucher im wahrsten Sinn des Wortes ein Erlebniseinkauf. Die Versuchungen sind mannigfaltig und geschickt aufgebaut. Da gibt es beispielsweise eine Bärenhöhle, sprechende Elefanten, die Dschungelband und immer wieder neue, kreative Ideen rund um das schokoladige Angebot. Ein Café der Illusionen und ein Café mit Freisitz laden überdies zum Verweilen bei selbstgebackenem Kuchen ein.
Hier kann man oft auch den quirligen Firmengründer Johann Seidl finden. Der gelernte Bankkaufmann entstammt einer alteingesessenen Konditorenfamilie und empfängt Geschäftspartner gerne inmitten seines Lebenswerks – zwischendurch auch immer mit schnellem Blick auf die Kundschaft und deren Wün-

sche. Man hat den Eindruck, dass ihm nichts entgeht in seinem Refugium. Johann Seidl erzählt gerne von seinem Leben, ist sichtlich stolz auf Erreichtes.
Die Firmengeschichte begann in den späten 1980er-Jahren mit der Leidenschaft Seidls für Reisen zu weit entfernten afrikanischen Zielen wie etwa Kenia und mit seiner Vorliebe für Schokolade. Das erste Produkt, ein essbares Milchkännchen in zartem Hellbraun, ist auch heute noch fester Bestandteil des Produktportfolios. Da erlaubt er sich eine gewisse Melancholie, sagt Seidl augenzwinkernd. Die damals in Europa weitestgehend unbekannte Macadamianuss, deren fulminanter Erfolg in der Süßwarenindustrie in Laaber begann, gehört ebenfalls zu den Eckpfeilern des Unternehmens.
Seit über 30 Jahren steht damit der Name Seidl für exotische Genüsse aus aller Welt, die in Laaber veredelt werden. So verwundert es nicht, dass das Unternehmen seit der Gründung

Neben süßen Köstlichkeiten aller Art erwartet einen in den Verkaufsräumen der Seidl-Confiserie auch ein prächtiger Elefant.

1988 ständig gewachsen ist. Die Produktionsstätten in Laaber wurden immer wieder vergrößert, Ladengeschäft und Parkplätze erweitert, die Lagerkapazitäten der stetig steigenden Nachfrage angepasst.

Auch die Zahl der Mitarbeiterinnen und Mitarbeiter im süßen Seidl-Reich ist stets gewachsen. Heute verarbeiten 85 Angestellte jährlich mehr als 250 Tonnen Rohstoffe zu verschiedensten Produkten wie Pralinen, Brotaufstrichen, Knabbereien, Schokoladen oder Gebäck. Neben dem zeitgemäß ebenfalls wachsenden Onlinevertrieb in Deutschland soll das Stammgeschäft weiter ausgebaut werden. „Der Schlüssel dazu sind einzigartige Produkte von höchster Qualität, wie unsere neue Pralinentorte. Diese werden uns helfen, auch auf diesem anspruchsvollen Markt Fuß zu fassen“, so ist Johann Seidl überzeugt.

Durch die Mitarbeit in verschiedenen Gremien der Süßwarenindustrie ist seine Marktkenntnis sehr ausgeprägt. Überdies neigt der Unternehmer nicht zu vorschnellen Experimenten. Das kontinuierliche Wachstum erfordert zwar stets, die Produktion nach industriellen Standards im Auge zu behalten. Dennoch sollen bei der Seidl Confiserie die Ansprüche einer Manufaktur erhalten bleiben. Seidl nennt hier handwerkliches Geschick, ein Gespür für Details, Innovationskraft und – nicht zuletzt – die Liebe zum Produkt.

Weltweite Bekanntheit erlangen Pralinen- und Schokoladenspezialitäten der Seidl-Confiserie und ihre Macadamia-Nussprodukte immer wieder aufgrund ihres Einsatzes an Bord der Lufthansa-Maschinen. Das ist schon beachtlich. Auch als Präsente in First-Class-Hotels, bei Präsentationen wie Bundespresseball, Ball des Sports, Ball der Wirtschaft oder Opernball werden sie immer wieder gereicht. Somit tritt also eine kleine Geschichte aus der Oberpfalz immer wieder eine große Weltreise an.

„Die Brücke" - Fritz Wepper und Vicco von Bülow in ihren ersten Filmrollen

Hand aufs Cineasten-Herz: Wer weiß noch, dass die Filmkarriere des allseits geschätzten Fritz Wepper in Cham begonnen hat, dass der spätere Doktor der „Praxis Bülowbogen", der Ur-Berliner Günter Pfitzmann, als junger Schauspieler in diesem Film aus der Provinz mitwirkte und dass der vollkommen unbekannte Mime Vicco von Bülow, später als Loriot hoch verehrt, einen Stabsfeldwebel darstellte? Auch der nachmalige Sänger Volker Lechtenbrink aus Hamburg verdiente sich in der Oberpfalz seine ersten filmischen Sporen. Sie alle trugen als junge Künstler zum Erfolg des Antikriegsfilms „Die Brücke" bei.

Im Film werden am Beispiel von einigen 16-jährigen Schulkameraden die letzten Kriegstage des April 1945 in einer deutschen Kleinstadt beschrieben – kurz vor der vollkommen sinnlosen Einberufung als Kanonenfutter zur bereits geschlagenen Wehrmacht.

Im Jahre 1959 suchte der Filmregisseur und Schauspieler Bernhard Wicki ein geeignetes Brückenbauwerk für seinen Antikriegsfilm und fand nach langer Suche die Florian-Geyer-Brücke in Cham als idealen Drehort. Diese 1925 entstandene Brücke über den Fluss Regen hatte einen einstigen Holzsteg ersetzt und war als bestens geeignetes Baudenkmal anzusehen. Sie umspannte zwei Bogenfelder, Durchlaufträger, ähnlich dem Gewölbedruck geformter Steinbögen mit Seitenwangen. Die Brücke trug den Namen des überregional bekannten Bauernführers Florian Geyer (1490–1525), der Hauptmann bei der fränkischen Bauernschaft gewesen war.

Das Bauwerk war die eine Sache, die äußere Verfassung der Kleinstadt Cham als Kulisse ein zusätzlich beachteter Fakt. Wie

in einem Artikel der Süddeutschen Zeitung aus dem Jahr 2017 rückblickend berichtet wird, passten mehrere Umstände gut zusammen. Wegen des etwas – vorsichtig gesagt – „verzögerten" wirtschaftlichen Aufschwungs in der Region sahen viele Häuser noch aus wie zu Kriegszeiten. Das war aus Gründen der Authentizität hoch willkommen. Wo es dann doch schon zu geputzt aussah, ließ Regisseur Wicki naturalistische Einschusslöcher aufpinseln. Hinter der Brücke wurden ein Schützengraben ausgehoben und Häuserattrappen gebaut.
Eindrucksvoll ist das zeitgenössische Foto des Stadtarchivs Cham. Demnach war auch das ehemalige Armenhaus (heute Museum SPUR) in die Gefechtsszenen eingebunden. Weil belaubte Äste nicht mit der Filmhandlung im April 1945 übereinstimmten und außerdem die Sicht auf die Stadt behinderten, wurden sie erheblich zurechtgestutzt. Da wurde schon etwas geboten in der Oberpfälzer Nachkriegs-Provinz, es gab jede

1959 wurde die Brücke von Cham zum Drehort des beeindruckenden Antikriegsfilms „Die Brücke".

Menge zu schauen und zu staunen. Solch „großes Kino“ war durchaus spektakulär!
Schließlich dürfte auch eine Rolle gespielt haben, dass die Filmcrew in dem wirtschaftsschwachen Raum sehr willkommen war, weil für Handwerksdienste sowie Komparsenrollen wenig bezahlt werden musste. Im gesamten Landkreis soll die Produktionsfirma dennoch eine halbe Million Mark ausgegeben haben – eine damals riesige Summe. Der Ortsname Cham kam dennoch im Film kein einziges Mal vor. Regisseur Bernhard Wicki wollte für die dramatische Handlung eine beliebige deutsche Kleinstadt zeigen – als Beispiel für allgemeines Leid, das überall im Land hätte passieren können.
Ursprünglich hatten sich die authentisch geschilderten Ereignisse in Bad Tölz zugetragen. Kurz zur Handlung: Während die Amerikaner im April 1945 weiter vorrücken, werden sieben Gymnasiasten zur Wehrmacht einberufen. Aus Sorge überzeugt ihr Studienrat die zuständigen Offiziere davon, dass die unausgebildeten Rekruten an der Front eher eine Belastung darstellen würden. Deshalb wird ein wohlwollender Unteroffizier dazu abkommandiert, mit den sieben Jugendlichen eine Brücke zu bewachen, die überhaupt nicht bewacht werden muss. Sie soll in den nächsten Tagen ohnehin gesprengt werden. Die Jungen beziehen diensteifrig Stellung am Brückenkopf, munitionieren ihre Waffen und graben sich ein. Dann wird es aber schnell tödlich ernst. Als ein feindlicher Tiefflieger die Brücke beschießt, bleibt einer der jungen Kerle trotzig stehen, um seinen Mut zu beweisen, und wird tödlich getroffen. Der Tod ausgerechnet des Jüngsten facht den Kampfeswillen der anderen erst richtig an. Sie verwickeln sich in Kämpfe mit den Amerikanern und zahlen einen brutalen Blutzoll. Schließlich kommt es auch noch zu Feuergefechten mit deutschen Soldaten, die die Brücke sprengen wollen. Am Ende liegen

die Abiturienten tot auf der Brücke – lediglich einer von ihnen verlässt vollkommen gebrochen die Szenerie. Es folgt die Einblendung: „Dies geschah am 27. April 1945. Es war so unbedeutend, dass es in keinem Heeresbericht erwähnt wurde."

„Die Brücke" gehört zu den am meisten mit Preisen bedachten deutschen Nachkriegsfilmen. Er wurde 1960 fünf Mal beim Deutschen Filmpreis ausgezeichnet. International erhielt er den Golden Globe Award als bester ausländischer Film sowie eine Oscar-Nominierung in derselben Kategorie. Die ursprüngliche Florian-Geyer-Brücke wurde 1991 aus bautechnischen Gründen abgerissen. 1995 entstand eine neue Brücke. Zum Anlass „40 Jahre ‚Die Brücke' – 1959–1999" brachte man stadtauswärts in einer Halbrundung des Brückengeländers einen Filmstreifen aus Blech mit Szenenfotos an.

Weltweit einmalig - Maybach-Museum eines Neumarkter Sammlerehepaares

Es dürfen auch Superlative sein, um das Neumarkter Maybach-Museum zu würdigen, es adäquat in die Oberpfälzer Kulturlandschaft und weit darüber hinaus einzuordnen. So ist das Museum das weltweit einzige, das sich mit den überaus seltenen Edelkarossen beschäftigt. Gerade mal 1800 der wertvollen Fahrzeuge wurden in den Jahren 1921 bis 1941 gebaut. Rund um den Erdball sind noch etwa 160 erhalten und fast 20 davon stehen in Neumarkt in einem Privatmuseum. Es wird versichert, dass hier keinerlei staatliche Mittel beansprucht wurden. Zu verdanken ist all dies einem Ehepaar mit nicht erlahmender Sammelleidenschaft und entsprechendem Finanzeinsatz.
Der Kieferorthopäde Dr. Helmut Hofmann und seine Ehefrau Anna haben jedenfalls lange Teile ihres Lebens und erhebliche

Blick auf die beeindruckende Maybach-Flotte im Privatmuseum der Familie Hofmann in Neumarkt.

Teile ihres Vermögens den Maybach Automobilen verschrieben. Diese Luxusautos von atemberaubendem ideellem und finanziellem Wert wurden von Kaisern und Königen, von Wirtschaftsbossen und internationalen Filmstars gefahren – besser gesagt wohl von deren Chauffeuren. Genannt sind etwa Haile Selassie, der Kaiser von Äthiopien, König Paul von Griechenland oder das niederländische Thronfolgerpaar Juliana und Prinz Bernard. Fürst Esterhazy gehört ebenso zum höchst prominenten Kundenkreis wie indische Maharadschas, der Bischof von Trier, Versicherungsunternehmer Gerling und frühere Idole wie der Boxweltmeister Max Schmeling oder der Opernstar Enrico Caruso. Heutzutage würde man sagen: A-Promis internationalen Ranges.

Zu bestaunen sind die akribisch gepflegten Fahrzeuge der Maybach-Sammlung in einem Museumsgebäude, das zwischen 2005 und 2009 entstanden ist. In ihrer klassischen Schlichtheit eröffnen die Räume den chromblinkenden Edelkarossen den nötigen Raum zur Präsentation. Für den unaufdringlichen Bau zeichnet das wegen seiner sensiblen Entwürfe überregional renommierte Architekturbüro Berschneider + Berschneider aus dem benachbarten Pilsach verantwortlich. Das Museumsgebäude mit 2500 Quadratmetern Ausstellungsfläche befindet sich in einem ehemaligen Industriegebiet in der Holzgartenstraße, südlich der Neumarkter Altstadt.

Ursprünglich errichtet wurde es durch die Express Werke, die von 1884 bis 1959 hier Fahrräder und Motorräder für den Weltmarkt produzierten – damals der größte und weitaus bekannteste Arbeitgeber der Region. Nach der Auflösung des Unternehmens gab es unterschiedliche Nutzungen des Geländes, zeitweise war hier auch der Betriebshof für die Busse der Stadtwerke.

Mit dem 2009 eröffneten Museum für historische Maybach-Fahrzeuge hat sich das Neumarkter Sammlerehepaar Hofmann einen Lebenstraum erfüllt. Etwa zwanzig historische Maybach-Fahrzeuge sind in dem Museumsbau versammelt. Die imponierenden Exponate sind übersichtlich und chronologisch aufgereiht, peinlichst sauber präsentiert, jeweils auch versehen mit erläuternden Texten. So erzählt das Museum die nicht alltägliche Geschichte des „Mythos Maybach“ und der Maybach-Motorenbau GmbH von Wilhelm und Karl Maybach. Die Autos sind in den unterschiedlichsten Zuständen zu betrachten – vom zersägten Scheunenfund bis zu den bewunderten, zeitlosen Klassikern.

Die Maybach-Automobile wurden von 1921 bis 1941 am Bodensee auf Bestellung gebaut – Kundenwünsche waren willkommen und wurden selbstverständlich berücksichtigt. Es entstanden automobile Kunstwerke, Unikate von höchster Eleganz. Anna Hofmann öffnet die Tür eines restaurierten Fahrzeugs: „Der Innenraum hat mehr gekostet als unser komplettes Wohnzimmer.“ Kaum ein Wagen mit dem „MM“-Markenzeichen auf dem Kühler gleicht dem anderen. Zu den meisten Fahrzeugen ist es gelungen, ihre Besitzer und einige Einzelheiten zu deren Leben nachzuvollziehen. Auch hier haben die Hofmanns weltweit recherchiert und gesammelt. Ein Stück deutscher Wirtschaftsgeschichte blitzt auf, wenn man die alten Zeitungsausschnitte, Plakate und Briefe in den Vitrinen betrachtet.

Anna und Helmut Hofmann teilen seit langen Jahren die Leidenschaft für den Maybach und teilen sich die Arbeit auf. Frau Hofmann ist mehr für das Organisatorische zuständig, ihr Mann für das Tüfteln. Der erfolgreiche Zahnarzt hat die Leidenschaft für das Handwerkliche wohl von seinem Vater, einem Automechaniker, geerbt. Hofmann hat immer schon gern geschraubt,

sich sogar ein umfangsreiches Ersatzteillager eingerichtet und natürlich ist es das Ziel des Neumarkters, die Autos wieder zum Fahren zu bringen.
Über den tatsächlichen Wert der Fahrzeuge gibt es nur Andeutungen bzw. Größenordnungen. Demnach wäre ein originaler Maybach wohl so viel wert wie heutzutage ein Einfamilienhaus – „in guter Lage“, schmunzelt Anna Hofmann. Allerdings dürfte es kaum möglich sein, jetzt noch einen Maybach zu erwerben. „Es gibt hier eigentlich keinen Markt“, so die Sammlerin. Da sollte man als Oldtimerfan also lieber ins Museum nach Neumarkt kommen, um ein wenig an historischen Karossen schnuppern.

Feuer und Flamme - Die Geschichte des Zündholzes in Grafenwiesen

Am Donaumarkt der oberpfälzischen Bezirkshauptstadt Regensburg wurde am 5. Juni 2019 das Museum des Hauses der Bayerischen Geschichte feierlich eröffnet. Erzählt wird hier, am Rande der historischen Altstadt, die jüngere bayerische Geschichte von 1800 bis zur Gegenwart. Das Museum hat sich seit dem Start zu einem herausragenden Besuchermagneten im Freistaat entwickelt. Auch Schulklassen aus allen Regionen erleben hier einen anschaulichen Geschichtsunterricht. Mit persönlichen Erinnerungsstücken oder auch spannenden Medieninstallationen wird in verschiedenen Kulturkabinetten in der Dauerausstellung der Frage nachgegangen, was typisch bayerisch ist oder was nur so erscheint.

Als besonders lehrreich erweist sich das Internetportal „Zeitzeugen berichten" mit Interviews seit 1986. Wenn etwa das in diesem Beitrag aufscheinende Thema „Strukturschwäche der Nachkriegsregion Oberpfalz" betrachtet wird, sind die Aussagen des ehemaligen Politikers Dr. Max Fischer hochinteressant. Der 2015 verstorbene, langjährige Chamer CSU-Landrat und spätere Staatssekretär war ein unkonventioneller Politiker, wurde von den meisten Menschen seiner Umgebung als „der Fischer Max" tituliert. In seinem damals bitterarmen Grenzlandkreis Cham ging er schon einmal unkonventionell mit Baugenehmigungen um, ging auch Streitigkeiten mit jeglichen Autoritäten nicht aus dem Weg. Wegen seiner schon zu Zeiten des Kalten Krieges ausgezeichneten Beziehungen zur damaligen CSSR wurde Fischer immer wieder als „Bayerns heimlicher Außenminister" bezeichnet. Und Konrad Adenauer soll ausgerufen haben: „Zähmt diesen wild gewordenen Landrat!"

In seinem Zeitzeugeninterview spricht Max Fischer jedenfalls von bis zu 40 Prozent Arbeitslosen in den 1950/60er-Jahren in den Altlandkreisen Cham und Kötzting. Sechstausend Männer arbeiteten während der Woche als Pendler in den Großräumen München und Nürnberg, wohnten nach Feierabend in Baracken und kamen am Wochenende hundemüde nachhause. Die Erholungszeit war kurz. Da waren die wenigen heimischen Arbeitsplätze höchstbegehrt. Das waren Arbeitsplätze wie etwa in der Zündwarenfabrik in Grafenwiesen. An diesem Beispiel kann hier auch ein wenig bekanntes Kapitel deutscher Wirtschaftsgeschichte aufgezeigt werden.

Schon am Rande des Kurparks Grafenwiesen grüßen zwei überdimensional große Zündholzschachteln. Sie machen darauf aufmerksam, dass hier im Ort einst die Marken „Welthölzer" und „Haushaltsware" hergestellt wurden. Im Zündholzmuseum Grafenwiesen und begleitend dazu in einem Aufsatz von Maria-Luise Segl vom Kulturreferat des Landkreises Cham erfährt man

Die Zündholzfabrik „Allemann" in Grafenwiesen in den 1950er-Jahren.

darüber mehr. Die Autorin fragt zum Beispiel: „Kennt ihr noch die blaue Schachtel im Format 5 x 3,5 x 1,5 Zentimeter mit der Aufschrift ‚Welthölzer'?" Darin befanden sich 40 kleine Hölzchen mit roten Köpfchen. Ältere Menschen werden sich an diese täglich verwendeten Gebrauchsgegenstände noch sehr gut erinnern.

Mittlerweile haben sie im Alltag Seltenheitswert. „Wann benötigt man heute schon eine kleine, offene Flamme? Längst sind wir an die Zentralheizung mit automatischer Feuerungsanlage oder den Elektroherd in der Einbauküche gewöhnt", so schreibt Maria-Luise Segl weiter. Zündhölzer verwendet man höchstens noch zum Anzünden einer Kerze, eines Kaminfeuers oder vielleicht einer Zigarre oder Pfeife. Überdies begann vor etwa 50 Jahren dann auch das Plastikfeuerzeug der Zündholzschachtel den Rang abzulaufen.

Zwischen 1930 und 1983 war das Zündwarenmonopolgesetz in Kraft. Zündwaren durften nur durch die Deutsche Zündwaren-Monopolgesellschaft vertrieben werden. Diese vergab auch Produktions- und Abnahmekontingente zu festen Preisen an die einzelnen Zündholzfabriken in Deutschland. Eine dieser Fabriken, die spätere Zündholzfabrik Allemann, stand in Grafenwiesen. Das Werk wuchs langsam, aber stetig heran. Johann Ellmann hatte ab 1878 neben seinem Sägewerk am Weißen Regen eine Zündholztunke betrieben und an die Zündholzfabrik in Lam Halbfertigprodukte geliefert. Eine notwendige Umstellung konnte oder wollte er nicht stemmen und verkaufte.

Daraufhin baute der Landshuter Unternehmer Johann Hubloher ab 1908 das kleine Unternehmen zur Fabrik aus. Um 1925 beschäftigte er schon etwa 90 Arbeitskräfte. Nach der Weltwirtschaftskrise erwarb der österreichische Unternehmer Robert Czerweny die Anlage. Sie wurde in der NS-Zeit noch einmal ausgebaut und erhielt den damals zeitgemäßen Namen „Allemann“. Die Hauptprodukte dieser AG waren „Welthölzer“ mit 40 Hölzchen je Zündholzschachtel und „Haushaltsware“ mit 50 Hölzchen je Schachtel. In den 1950er- und 60er-Jahren war die Allemann AG mit 300 MitarbeiterInnen der größte Arbeitgeber im damaligen Landkreis Kötzting. Zwei Drittel der Belegschaft waren Frauen. 1986 musste die Allemann AG die Zündholzproduktion einstellen. Das Zündwarenmonopol war erloschen. Die Zündholzherstellung ist in Grafenwiesen, wie auch in ganz Deutschland, seit Mitte der 1980er-Jahre Geschichte. Die „Allemann“ produziert jetzt Tore und Türen und das von der Gemeinde Grafenwiesen 2007 eröffnete Zündholzmuseum erinnert an diesen einst wichtigen Zweig der Holzverarbeitung.

Seit 2007 beleuchtet das Zündholzmuseum Grafenwiesen die Geschichte der regionalen Zündwarenindustrie im bayerisch-böhmischen Grenzgebiet. Die Dauerausstellung „Industrie- und Kulturgeschichte im Brennpunkt“ informiert über die Geschichte der Zündholzherstellung im Tal des Weißen Regen. Auch die überaus interessante Verknüpfung dieses Zweigs der Holzverarbeitung mit dem benachbarten Tschechien ist wenig bekannt. In der historischen Sammlung rund ums Zündholz gibt es auch eine erhebliche Vielfalt an Darstellungen zu entdecken, denn Zündholzschachteln wurden oft mit künstlerisch anspruchsvollen Motiven verziert. Wenn es sich nicht um den Abdruck berühmter Kunstwerke handelte, blieben die Gestalterinnen und Gestalter der Motive meist anonym. Zündholzschachteln waren auch Gegenstände des Alltags und weltweit immer wieder in die Hand genommene Werbeträger.

Die „gute Stube" der Oberpfalz - Der Spiegelsaal der Bezirksregierung in Regensburg

Als Spiegelsaal werden Säle bezeichnet, die durch die geschickte Anordnung von Spiegeln eine besonders prunkvolle Raumatmosphäre erzeugen. Kein Wunder also, dass die ersten Spiegelsäle in den Schlössern und Residenzen zu Beginn der prächtigen Barockzeit im 18. Jahrhundert eingerichtet wurden. Spiegelglas war damals allerdings noch ein Luxusgut, die Herstellung von Flachglas aufwändig und schwierig. Andererseits entsprach die unendliche Vervielfältigung der Motive in den Spiegeln der barocken Lust nach optischen Täuschungen. Die Spiegel ließen den Raum optisch größer erscheinen, kamen also auch einem gewissen Geltungsbewusstsein sehr entgegen. Sowohl das Tageslicht als auch das Licht der Kerzenlüster und Kronleuchter ließen die Prunkräume bestmöglich zur Geltung kommen. Das ergab schon eine hochherrschaftliche Atmosphäre.

Die wohl berühmteste derartige Galerie ist der Spiegelsaal von Versailles, das stilprägende Vorbild für viele weitere Spiegelsäle. Ganz so hoch ist bei der Beschreibung des Spiegelsaals der Regierung der Oberpfalz am Emmeramsplatz in Regensburg natürlich nicht zu greifen. Dennoch ist der Raum schon eine beeindruckend imposante Persönlichkeit unter den regionalen Besonderheiten. Das Gebäude am heutigen Emmeramsplatz 8 selbst gehörte ursprünglich zum Kloster Emmeram, wurde dann aber für den Prinzipalkommissär Thurn und Taxis in ein Palais umgebaut. Dessen ursprüngliches Domizil, der Freisinger Hof – das heutige Regierungsgebäude am Emmeramsplatz 9 – war bei einem Brand völlig zerstört worden. Im November 1792 konnte Fürst Carl Anselm nach einem Umbau das so genannte

Äußere Palais beziehen. Der Spiegelsaal wurde am 9. November 1792 eingeweiht. 1810 übernahm die Bezirksregierung das Gebäude, sie ist heute noch „Hausherr".

Im Inneren führt eine dreiarmige Podesttreppe, mit Flachbalustern dekoriert, durch zwei klassizistische Vasen zu den reich ausgestatteten Räumen des ersten Obergeschosses. Von diesen ehemaligen Gesellschaftsräumen sind im Wesentlichen der große Festsaal – also der Spiegelsaal – und der ehemalige Audienzsaal, der Kleine Sitzungssaal der Regierung vorhanden. Zusammen mit stuckierten Repräsentationsräumen ist damit der heutige Präsidialbereich umrissen. Hier finden die repräsentativen Veranstaltungen der Bezirksregierung statt wie Ehrungen, Empfänge, Gedenktage. Da kann es schon sehr würdevoll, von Kammermusik unterlegt, zugehen. Der Schreiber dieser Zeilen durfte öfter dabei sein und beobachten, wie manch ein Ehrengast schon sehr beeindruckt war vom Glanz des Augenblicks in perfekter Umgebung, wenn ihm etwa ein Orden für besondere Verdienste angesteckt wurde.

Versailles in der Oberpfalz – der Spiegelsaal der Regierung der Oberpfalz in Regensburg.

1963 fand eine Generalinstandsetzung des Spiegelsaales statt, 1983 erfolgte eine weitere Renovierung. Eine umfangreiche Generalinstandsetzung wegen Abnutzungserscheinungen musste dann im Jahre 2013 durchgeführt werden. Der Parkettboden wurde abgeschliffen und notwendige Ausbesserungen wurden vorgenommen, ein Neuaufbau der Putzstruktur an der Saaldecke durchgeführt. Von der hölzernen Wandverkleidung wurden die neuzeitlichen Lackbeschichtungen abgenommen, der Bestand konsolidiert und der Untergrund instandgesetzt. Obendrein gab es die farbige Neufassung der Holzvertäfelung und eine zeitgemäße Medientechnik wurde integriert.
Eine Anekdote besagt, dass man bei der Sanierung 1963 eigentlich stolz darauf war, die alten Kronleuchter entfernen und durch moderne Neonlampen ersetzen zu können. Doch das gefiel dem damaligen Regierungspräsidenten, dem gestrengen Herrn Professor Ernst Emmerig, überhaupt nicht. Und so versuchte er, die bereits verkauften Kronleuchter wiederzubekommen. Leider war er dabei nur mäßig erfolgreich. Lediglich ein Original fand den Weg zurück an seinen angestammten Ort am Emmeramsplatz. Drei Kronleuchter mussten deswegen nach dem Vorbild dieses Originals nachgefertigt werden.
Die Kopien sollen gar nicht so einfach zu erkennen sein, sind also handwerklich sehr sauber gearbeitet worden und machen dem Raum keine Schande. Davon können sich auch künftig immer wieder BürgerInnen überzeugen, wenn sie in die „gute Stube“ der Oberpfalz gelangen. Denn selbst wenn die Denkmalschützer nicht hellauf begeistert sind, werden auch künftig im prachtvollen Spiegelsaal Veranstaltungen der Bezirksregierung stattfinden. Dafür gibt es halt keinen besser geeigneten und zur Verfügung stehenden Raum in der Region.

Ein Blick zurück - Die Knopfindustrie Bärnau als Lebensgrundlage für einen armen Landstrich

Der Landkreis Tirschenreuth war und ist bekannt durch seine Porzellan- und Glasindustrie, die in Mitterteich, Waldsassen, Wiesau, Tirschenreuth, Erbendorf, Waldershof und Krummennaab angesiedelt war. Einer der letzten im Landkreis produzierenden Betriebe ist die Firma Seltmann Weiden mit ihrem Werk in Erbendorf. Glasindustrie gibt es nur noch in Waldsassen und Mitterteich.

Traditionsreich und erfolgreich war in der Region allerdings auch die Knopfindustrie, die sich zu Beginn des 20. Jahrhunderts besonders in Bärnau sehr dynamisch entwickelte. Mehr als dreißig Betriebe gaben in ihrer Blütezeit den Menschen in diesem Teil der nördlichen Oberpfalz Arbeit und Brot – die Beschäftigten fanden hier ihre Lebensgrundlage. Mittlerweile ist dieser Industriezweig fast gänzlich verschwunden. Die Erinnerung wird aber durch ein liebevoll aufgebautes Museum aufrechterhalten. Hier können Besucherinnen und Besucher ein anschauliches Kapitel regionaler Wirtschaftsgeschichte aufschlagen und darin blättern.

Im Juli 1895 begründete der gelernte Knopfmacher Johann Müller die Bärnauer Knopfindustrie. Nach einem erfolglosen Versuch im Vogtland erkannte Müller ein auch in der Gegenwart immer noch gebräuchliches Argument für die Schaffung von Arbeitsplätzen im Wirtschaftsraum Oberpfalz: die arbeitswillige und fleißige Bevölkerung. Die Herstellung des Perlmutterknopfes erforderte damals überdies auch noch Körperkraft und Geschicklichkeit. Als Rohstoff dienten Perlmutterschalen aus den wärmeren Meeren in Äquatornähe, hauptsächlich aus dem Persischen Golf.

Wie im Museum zu erfahren ist, machte sich aus dem müllerschen Betrieb heraus immer wieder einmal ein tüchtiger Werksführer selbstständig. Neue Betriebe entstanden, sodass bald sogar die Arbeitskräfte in der Umgebung knapp wurden. Johann Müller rekrutierte neue Mitarbeiter in Nachbarorten diesseits und jenseits der Grenze, beschäftigte zusammen mit den Zweigbetrieben an die 100 Arbeitskräfte. Dann kam der plötzliche Stopp. Als 1914 der Erste Weltkrieg ausbrach, konnte plötzlich kein Rohmaterial mehr eingeführt werden. Die regelmäßigen Waggonladungen von Perlmutterschalen, die seit der Eröffnung im Jahre 1903 mittels der von Tirschenreuth nach Bärnau weitergeführten Bahnlinie angeliefert wurden, blieben aus. Nach dem Ersten Weltkrieg wirkten sich die Inflation und die Wirtschaftskrise von 1929 noch einmal verheerend aus. Die „Goldenen Jahre" der Vorkriegszeit sollten sich nicht wieder einstellen. Der Wirtschaftspionier Johann Müller verstarb 1932 mit 70 Jahren.

Nach dem bald folgenden Zweiten Weltkrieg begann ein neuer Abschnitt für die Bärnauer Knopfindustrie. Nach den Jahren der

Das Knopfmuseum in Bärnau gibt Einblicke in die Herstellung der Knöpfe und ihre Vielfalt.

Zerstörung von Menschen und ganzen Regionen ging es wieder bergauf, konnte wieder Luft geholt und in eine hoffnungsvoll heraufziehende Zukunft geblickt werden. Als die Perlmutterschalen wieder zur Verfügung standen, entstanden in Bärnau und Umgebung schnell wieder über dreißig neue Betriebe. Die Gründer waren vor allem handwerklich geschickte Vertriebene aus dem Sudetenland, die das Gewerbe von daheim her kannten. In der Wirtschaftswunderzeit ab etwa 1950 waren neue Fertigungstechniken gefragt, weil neben Perlmutter auch der Kunststoff Polyester verarbeitet wurde. Entscheidende Impulse gingen hier von der Perlmutterknopffachschule aus, die 1955 in Bärnau eröffnet wurde. Hier wurden auch neue Maschinen und Techniken eingeführt.

Es entwickelte sich sogar rund um die Aktivitäten der Schule eine internationale Messe für die Knopfbranche. Schule und Messe gibt es seit 1975 allerdings nicht mehr. Um das Jahr 1980 arbeiteten in Bärnau und Umgebung 25 Knopffabriken, von denen die kleineren Familienbetriebe ca. fünf und die großen Betriebe über 100 Leute beschäftigten. Daneben waren zehn Knopfgroßhandlungen tätig. Mit der günstigeren Produktion von Knöpfen im Ausland kam auch die Knopfindustrie in Bärnau in Bedrängnis. Das nannte man auch hier Strukturwandel. Aktuell gibt es noch zwei Knopffabriken in der Stadt, die mit modernster Technik aus verschiedenen Materialien Knöpfe herstellen.

Das Deutsche Knopfmuseum wurde am 1. März 1983 in dem Gebäude der früheren Knopffachschule in der Tachauer Straße in Bärnau eröffnet. Der Grundbestand von ca. 6000 Knöpfen aller Art aus der privaten Sammlung von Rudolf Jäpel wurde innerhalb weniger Jahre auf eine halbe Million Einzelstücke aufgestockt. 1988 belief sich der Bestand des Museums auf ca. 2,5 Millionen Knöpfe – jeder davon ein kleines Kunstwerk. Im

Knopfmuseum traf im Juli 1987 der 250. Besucher-Bus ein. Bis zu dieser Zeit hatten ungefähr 16 000 Menschen das Museum besucht.

Da das bisherige Gebäude nicht mehr den zeitgemäßen Anforderungen eines modernen Museums entsprach, wurde festgelegt, dass das Deutsche Knopfmuseum in dem zu renovierenden Kommun-Brauhaus eine neue Heimat finden sollte. Im Juli 1995 begann die drei Jahre andauernde Sanierung. Seither befindet sich in den alten Mauern der ehemaligen Braustätte das einzigartige Deutsche Knopfmuseum. Neben Knöpfen aus aller Welt, Formen, Farben und Materialien beherbergt es auch eine einmalige Ausstellung mit echten Kunstwerken aus Perlmutter. Gezeigt wird auch die mühevolle und aufwändige Herstellung des Gebrauchsgegenstandes, ohne den das tägliche Leben ganz schön beschwerlich wäre – frei nach der Alltagsweisheit: Wie wichtig ein Knopf sein kann, merkt man erst, wenn er fehlt.

Geheimnis für immer - Der mysteriöse Steingarten eines Gärtners und Hobbybildhauers

Die Umschreibungen reichen von bizarr bis verrückt, von sinnlos bis zu irgendwie schon interessant. Die Betrachterinnen und Betrachter reiben sich verwundert die Augen und stellen die tausendfach gestellten Fragen noch einmal: Was soll das eigentlich darstellen? Wer will hier welche Botschaft verkünden? Ist das Kunst oder kann das weg? Nähern wir uns mit dieser Einleitung einem Landschaftsgarten, der etwa so groß ist wie ein Fußballfeld, ein allerdings verwildertes Fußballfeld. Auch die unmittelbare Umgebung ist nicht unbedingt einladend. Es gibt ein paar flach in die Landschaft gelegte Einzelhandelsgeschäfte, ein Fitnessareal und den bald ermüdenden Blick auf benachbarten Bürohausbeton. Und dann ist da noch eine Bushaltestelle, die nicht unbedingt zum Verweilen einlädt.

Wir befinden uns an der Frankenstraße, einem der verkehrsreichsten Einfalltore zur Stadt Regensburg. Meist verhindert der nicht abreißende Verkehrsfluss den Blick auf den Max-Buchhauser-Garten, der sich hinter und neben der Bushaltestelle auftut. Man stellt also besser das Auto ab und nähert sich dieser kleinen Regensburger Sehenswürdigkeit zu Fuß.

Max wer? Der 2015 verstorbene Buchhauser war Gärtner mit einem eigenen Betrieb und, wie es heißt, ein leidenschaftlicher Vertreter seiner Zunft. In den 1970er-Jahren gab es für ihn eine gravierende Veränderung: Ein respektabler Teil der familiären Gartenanlagen und der darauf stehenden Treibhäuser musste dem Bau der neuen Oberpfalzbrücke weichen. Diese Maßnahme war wiederum nach dem Ausbau des Rhein-Main-Donau-Kanals zur neuen Erschließung von Stadtamhof notwendig ge-

Rund um sein Grundstück zwischen Europakanal und Frankenstraße in Regensburg hat Max Buchhauser seine selbst erschaffenen Skulpturen aufgestellt.

worden. Vom früheren Grundstück vor den nördlich gelegenen Toren Regensburgs blieb nur noch besagter Garten übrig – eingezwängt zwischen Europakanal und Frankenstraße. Was damit tun?

Der Hobbybildhauer fand eine ungewöhnliche, höchst eigenwillige Lösung. Er schuf nördlich und südlich der Örtlichkeit im Laufe der Jahre etwa zwanzig Steinfiguren und stellte diese wie an der Via Appia um das Grundstück herum auf. Sie sind von der Straße und der Brücke, aber auch vom Kanal aus zu sehen. Bald setzte eine rege Diskussion ein und machte Buchhauser nach und nach zu einer lokalen Bekanntheit in Regensburg. Die Einschätzungen der künstlerischen Bedeutung seines Werkes gingen dabei stets mit einem Schulterzucken einher – und dies ist immer noch so.

Die Skulpturen sind eine chaotische Mischung aus den Stilen mehrerer Epochen, sie sind bis zu drei Metern hoch und manche auch so breit. Die Gesichtszüge der Kunstwerke zeigen Freud und Leid, sie blicken einerseits streng in die Welt oder zeigen andrerseits auch gütige Milde. Ägyptische Pharaonen stehen neben griechischen Bartträgern, tausende von Jahren aus allen Epochen sind in den Figuren angedeutet. Zeitgenössische Bildhauerei bleibt nicht ausgespart, auch Tierdarstellungen gehören zum Ensemble. Obwohl Ensemble? Nein, eine wie auch immer logisch erklärbare Abfolge in den Darstellungen ist nicht zu erkennen. Das muss aber auch nicht sein. Die Szenerie ist nichts anderes als bizarr und rätselhaft. Sie ist aus der Zeit gefallen, so wie ihr Schöpfer.

Dessen Motive für den Skulpturengarten liegen im Dunklen und bleiben wohl auch dort. Aber natürlich entstanden Mutmaßungen. Einerseits, so heißt es, könnten die Figuren den Ärger darüber ausdrücken, dass der Gärtner Buchhauser wegen der Oberpfalzbrücke seine Anbauflächen verlor. Ebenso könnte hier aber ein Mann nur seinen Traum verwirklicht haben, etwas Unverwechselbares zu schaffen. Dies jedenfalls wäre Max Buchhauser eindrucksvoll gelungen. Ob es sich vielleicht gar um einen „Schwarzbau" handelt, scheint dabei egal zu sein. Dieses Fass hat die Stadt Regensburg nicht aufgemacht – gut so.

Blutende Wunden und Nahrungslosigkeit - Die Mystikerin Therese Neumann

Dass der Marktflecken Konnersreuth wirklich sehr abseits der Oberpfälzer Hauptrouten liegt, kann niemand bestreiten. Von der Ausfahrt Mitterteich der Autobahn 93 aus führen schon verschlungene Wege ins Land hinein, bevor Einöden wie Brandmühle, Geierhut und Schwalbenhof kommen oder Dörfer wie Grün, Höflas oder Rosenbühl. Siebzehn Gemeindeteile umfasst Konnersreuth, rund 1800 Menschen leben hier an den nordöstlichen Ausläufern des Steinwaldes.

Die extreme Randlage hat sich allerdings nach der Öffnung des „Eisernen Vorhangs“ um die Jahrtausendwende deutlich relativiert. Der nahegelegene Grenzübergang zur westböhmischen Stadt Cheb (Eger) existiert nur noch pro forma. Vielmehr gibt es seit etlichen Jahren ein erfrischendes Miteinander von hüben und drüben, inklusive gemeinsamer Feuerwehreinsätze. Eine stets hilfsbereite, beidseitige Nachbarschaft ist mittlerweile selbstverständlich geworden. Bis weit über die Oberpfalz hinaus bekannt wurde Konnersreuth allerdings bereits in der ersten Hälfte des 20. Jahrhunderts durch die Mystikerin Therese Neumann. Die „Resl von Konnersreuth“ polarisierte sehr stark – und dies ist heute auch noch der Fall. Sie sorgte und sorgt für Verehrung und Zweifel, für Ablehnung und tiefgläubige Bekundungen. Ihr Schicksalsweg kann auch im auf ihren Spuren wandelnden Museum nachvollzogen werden oder in Texten der Diözesen Regensburg und Augsburg sowie der Gemeinde Konnersreuth.

Therese Neumann wurde an Karfreitag, dem 8. April 1898, in Konnersreuth geboren. Sie war das erste von elf Kindern einer einfachen Schneiderfamilie. Nach der Volksschule trat sie in den Dienst eines benachbarten Bauern und leistete schwere, körperliche Arbeit. Ihr ehrgeiziges Ziel war es aber, Missionsschwester in Afrika zu werden. Daraus wurde jedoch nichts. Nach einem Unfall beim Löschen eines Brandes am 10. März 1918 war Resl gelähmt, bald auch völlig erblindet. Sie ertrug ihr schweres Schicksal „mit großer Ergebung“, wie überliefert ist.

Dann kam die große Veränderung: Am Tag der Seligsprechung ihrer Namenspatronin Therese von Lisieux (29. April 1923) wurde sie plötzlich von ihrer Blindheit geheilt, am Tag von deren Heiligsprechung zwei Jahre später auch von ihrer Lähmung befreit. Bald konnte sie wieder selbstständig gehen. Doch damit nicht genug. In der Fastenzeit des Jahres 1926 stellten sich aufsehenerregende Phänomene bei Therese Neumann ein. An ihrem Körper traten die blutenden Leidensmale Christi (Stigmatisation) auf. Therese durchlebte von dieser Zeit an bis zu ihrem Tod am eigenen Leib die Passion. Tausende Menschen

Im Museum von Konnersreuth kann man die Dauerausstellung zum Leben der Therese von Konnersreuth besuchen.

kamen nach Konnersreuth, die Resl wurde weltweit bekannt. Ab August 1926 hatte die Stigmatisierte auch kein Hungergefühl mehr, ihre Nahrungslosigkeit gab Rätsel um Rätsel auf. Im Auftrag des Bischöflichen Ordinariates Regensburg wurde sie im Sommer 1927 unter strenger Bewachung einer ärztlichen Untersuchungskommission anvertraut, die jedoch die Zweifel an ihrer Geschichte nicht ausräumen konnte.

Später trat sie mit einem Kreis Gleichgesinnter dem Naziregime mutig entgegen. Als auch Bischöfe und Kardinäle ihren Rat suchten, soll sie immer die einfache Bauernmagd ihrer Kindheit geblieben sein. Therese Neumann starb am 18. September 1962 „im Rufe der Heiligkeit". Ihr Grab liegt auf dem örtlichen Friedhof. Ein anhaltendes Medieninteresse führt immer noch Menschen aus aller Welt nach Konnersreuth, was die zahlreichen Gaben auf ihrem Grab bezeugen. Im Jahre 2005 hat der damalige Regensburger Bischof Gerhard Ludwig Müller 2005 ein Seligsprechungsverfahren für Therese Neumann eingeleitet.

Der so genannte Schafferhof ist ein ortsbildprägender Dreiseithof mitten im Ortskern von Konnersreuth. Er wurde um 1800 erbaut und die wichtigsten Bauteile sind bis heute bewahrt. Im Jahr 2006 kaufte der Markt Konnersreuth das Anwesen. Die ersten Pläne für ein Museum mit touristischem Zentrum wurden entworfen. Das Wohnstallhaus des Schafferhofes beherbergt mittlerweile eine Dauerausstellung zu Person und Umfeld der Therese Neumann. Acht eindrucksvolle Räume erzählen von ihrem Leben und Wirken, den mystischen Ereignissen und Phänomenen. Exponate aus dem engsten Familienkreis und originale Ton- und Filmaufnahmen bilden ihren Lebensweg auf eindrückliche Art und Weise ab. Medienstationen laden dazu ein, sich ein eigenes Bild zu den Geschehnissen zu machen.

Ein wunderbarer Ort des Miteinanders - Das Misrach-Denkmal des israelischen Weltkünstlers Dani Karavan in Regensburg

Der etwas südlich vom gotisch aufragenden Dom gelegene Neupfarrplatz gehört zweifellos zu den geschichtsreichsten Orten der Stadt Regensburg. Rund um die namensgebende „Neue Pfarre“ spiegelt das Gebiet die eindrucksvolle 2000-jährige Entwicklung der „Castra Regina“ wider. Hier ließ Kaiser Marc Aurel 179 nach Christus das Legionslager errichten. Bereits in der Zeit der Spätantike wurde dieses zentrale Terrain für römische Offizierswohnungen genutzt.

Im Mittelalter lag an dieser Stelle das Regensburger Judenviertel. Eine Synagoge und die in ganz Europa hochangesehene Talmudschule waren der geistliche und geistige Mittelpunkt. Hier tagte das rabbinische Gericht, waren die Fleischbank, das Brunnenhaus, das Hochzeitshaus, der Judenstadel als Lagerhaus des jüdischen Fernhandels, das jüdische Spital sowie etwa vierzig Wohnhäuser. Rund 500 Regensburger Juden, Jüdinnen und 80 Talmudschüler sollen nach den historischen Unterlagen hier gelebt haben.

Dann kam der brutale, folgenreiche Bruch: Nach dem Tod ihres bisherigen Schutzherren Kaiser Maximilian I. wurde am 21. Februar 1519 vom Rat der Stadt Regensburg die Vertreibung der Juden beschlossen. Hierzu heißt es auf der Homepage der Jüdischen Gemeinde: „Auch die Synagoge sollte zerstört und der Friedhof aufgelöst werden. Allein die Tatsache, dass der Regensburger Maler Albrecht Altdorfer den Synagogenbau noch zeichnen wollte, sorgte für eine kurze Verschiebung des Abbruchs. Etliche Grabsteine vom jüdischen Friedhof wurden geschändet und in Regensburger Häusern verbaut. Innerhalb von zwei Wochen – vom Ratsbeschluss bis zur Vertreibung – wurde ein 500 Jahre dauerndes Miteinander rücksichtslos ausgelöscht."

In der Mitte des heutigen Platzes steht die Neupfarrkirche, mit deren Neubau unmittelbar nach der kompletten Zerstörung des jüdischen Viertels begonnen wurde. Das Vorhaben musste zwar aus Geldmangel bald wieder eingestellt werden, als aber 1542 der Rat der Stadt zur evangelisch-lutherischen Konfession überging, wurde das unvollendete Gotteshaus als erste evangelische Pfarrkirche der Stadt genutzt.

Die weitere Entwicklung des zentralen Neupfarrplatzes ist anhand der reichlich vorhandenen Quellen schnell erzählt. Rund um die etwas erhöht stehende Kirche wurden bald Versammlungen und Märkte mit handwerklichen und landwirtschaftlichen Produkten aus der Umgebung abgehalten. Der Platz zog Händler und reichlich Kundschaft aus dem gesamten Stadtgebiet und darüber hinaus an. Im 20. Jahrhundert, besonders in der Zeit

Das Kunstwerk Dani Karavans zeichnet am Neupfarrplatz in Regensburg die Umrisse der einstigen Synagoge nach.

des Zweiten Weltkriegs, zehrten kriegsbedingte Baumaßnahmen für Löschwasser oder Bunker an der Substanz des Platzes. In der Nachkriegszeit gab es andere „Bedrohungen“, denn auch in der Oberpfälzer Hauptstadt hatte der Autoverkehr erheblich zugenommen und hungerte nach Parkplätzen. Bald machte sich auch ein Großkaufhaus breit und um 1970 wurden einige störende, denkmalgeschützte Altbauten abgebrochen. Dies geschah noch kurz vor Inkrafttreten des neuen bayerischen Denkmalschutzgesetzes.

Nach kontroversen Diskussionen in den 1990er-Jahren wurde der von Abgasen und Lärm geplagte Neupfarrplatz verkehrsberuhigt und umgestaltet. Bei aufwändig angelegten Bauarbeiten zur Neugestaltung des Umfeldes fand man 1995 westlich der Neupfarrkirche die Mauerreste der 1519 zerstörten, gotischen Synagoge und eines romanischen Vorgängerbaus aus dem 11. oder 12. Jahrhundert. Bis dahin war die alte Synagoge von den Historikern und Denkmalschützern direkt unter der bestehenden Neupfarrkirche vermutet worden. So fanden von 1995 bis 1998 großflächige archäologische Ausgrabungen auf dem Areal statt, wobei in dem rund 3000 Quadratmeter großen Gebiet gut erhaltene romanische und gotische Keller gefunden wurden. Außerdem bargen die Archäologen unter anderem drei Töpfchen aus Ton mit insgesamt 624 (!) Goldmünzen, die um das Jahr 1388 in einem der Keller versteckt worden waren. Auch ein goldener Siegelring der Jüdischen Gemeinde mit den Symbolen Stern und Mondsichel tauchte auf. Ein Teil dieser Funde ist im extra geschaffenen, unterirdischen „document Neupfarrplatz“ zu sehen. Durch eine Videoanimation wird einem hier das Leben im jüdischen Viertel des Mittelalters vor Augen geführt. Der umfangreiche Goldschatz ist heute im Historischen Museum der Stadt Regensburg zu sehen.

Eine überaus bereichernde Arbeit des israelischen Weltkünstlers Dani Karavan (1930–2021) gibt seit 2005 dem Neupfarrplatz eine versöhnende, beinahe fröhlich anmutende Note. Karavan zeichnete den Grundriss der Synagoge in Form eines begehbaren Bodenreliefs nach. Das Denkmal trägt den Titel: „Misrach" (Ort der Ausstrahlung) und soll nach dem Willen des Künstlers ein Platz zum Verweilen und Wohlfühlen sein. Genauso ist es gekommen – ein täglicher Glücksfall für Regensburg. Hier können die Besucherinnen und Besucher der Altstadt einige Momente lang abschalten und das immer wieder aufflackernde Treiben von meist jüngeren Menschen beobachten. Vor allem in den Sommermonaten nutzen aber auch viele ältere Einheimische die einladenden Sitzgelegenheiten am Karavan-Kunstwerk. Manchmal kommt man auch mit Touristen ins Gespräch und erzählt ihnen gerne von der höchst wechselvollen Geschichte dieses besonderen Ortes im Herzen von Regensburg.

In Ruhe - gelassen - Das Stiftland im Norden der Oberpfalz mit seinem Zentrum Waldsassen

Der Reporter kann sich sehr genau an eine Live-Sendung in den 1990er-Jahren erinnern. An einem flirrend heißen Sommertag stand der Übertragungswagen vor der Dreifaltigkeitskirche Kappl, dem Wahrzeichen des Stiftlands. Der viel gerühmte Baumeister Georg Dientzenhofer hatte den Rundbau von 1682 bis 1689 errichtet. Der Blick von hier aus ins Land – zum Niederknien! Unwillkürlich dachte der Reporter mit dem Mikrofon in der Hand an einen Satz des Schriftstellers Hans Helmut Kirst über dessen Heimat Ostpreußen: „Wenn Gott zur Ruhe geht, wenn er schlafen will, so glaube ich, würde er zu uns kommen wollen, um hier zu schlafen." Kirst meinte damit Masuren, doch auch auf das Stiftland in der nördlichen Oberpfalz trifft seine Aussage zu. Diese uralte Kulturlandschaft scheint in sich zu ruhen und gibt diesen Zustand an Einheimische und Besucherinnen und Besucher weiter. Und auch Johann Wolfgang von Goethe notierte, als er 1786 von einem Erholungsaufenthalt aus Karlsbad kommend das Stiftland betrat: „In Bayern stößt einem sogleich das Stift Waldsassen entgegen – köstliche Besitztümer der geistlichen Herren, die früher als andere Menschen klug waren. Es liegt in einer Teller- um nicht zu sagen Kesseltiefe, in einem Wiesengrunde, rings von fruchtbaren sanften Anhöhen umgeben ..." Das Stiftland ist auch heute noch ein sehr dünn besiedeltes Gebiet mit bestimmenden Kiefern- und Fichtenwäldern. Fast die Hälfte der Fläche ist bewaldet. Im Norden breiten sich die Höhenzüge des Steinwaldes aus, im Osten diejenigen des Oberpfälzer Waldes. Das Zentrum des Stiftlands wird durch die Naab-Wondeb-Senke beschrieben.

Die heute immer noch wie selbstverständlich gebrauchte Bezeichnung Stiftland kommt aus dem späten Mittelalter. Bereits im 12. Jahrhundert war das noch junge Kloster Waldsassen bis ins Egerland hinüber der dominierende Großgrundbesitzer weit und breit. Die Bauern waren nur Pächter ihrer Höfe, mussten Frondienste leisten, den zehnten Teil ihrer Erträge abliefern. Die Zisterzienser-Abtei entfaltete eine rege kolonisatorische und wirtschaftliche Tätigkeit. Die Bewirtschaftung wurde meist auf adelige Pfleger übertragen oder in den Dörfern auch auf die Pfarrherren. Durch den Wittelsbacher „Hausvertrag von Pavia" kam der Landstrich ab dem 16. Jahrhundert zu den Kurfürsten von der Pfalz. Das Kloster verlor die bislang schützende Reichsunmittelbarkeit, andere Autoritäten mussten anerkannt werden. Die ausgedehnten Besitzungen wurden zunächst von weltlichen Administratoren und ab 1571 von einem Stiftshauptmann, welcher der kurfürstlichen Regierung in Amberg unterstand, verwaltet. In dieser Zeit wurde der Grundbesitz vereinzelt auch an Privatpersonen verkauft.

Die Dreifaltigkeitskirche Kappl in Waldsassen, eine der bedeutendsten Barockkirchen Bayerns.

Wie auch andernorts erlebte das Kloster nach Reformation und Gegenreformation 1803 mit der Säkularisation sein vorläufiges Ende. Während die Klosterkirche zur Pfarrkirche wurde, dienten die Räumlichkeiten des Klosters selbst als Gewerbe- und Produktionsstätte in privatem Besitz. 1863 erwarben schließlich die Zisterzienserinnen die Klostergebäude zum Ausbau eines Filialklosters für die Mädchenerziehung. 1894 wurde aus dem Filialkloster ein Priorat.
Im 20. Jahrhundert reiften dann die Pläne für eine neuerliche Verselbständigung des Klosters als eigenständige Abtei. Seit Mitte der 1990er-Jahre erlebt das Kloster Waldsassen einen engagiert betriebenen Neuaufbruch. Im Zuge der ersten Generalsanierung seit der Barockzeit konnten die vom Verfall bedrohten Gebäude wieder hergerichtet werden. Ein Gästehaus für ein Kultur- und Begegnungszentrum wurde geschaffen. Seit September 2008 besteht eine Stiftung Kloster Waldsassen, die als Betreiber des Kultur- und Begegnungszentrums Abtei Waldsassen und einer privaten katholischen Realschule für Mädchen fungiert. Hier sind auch Schwestern des Ordens der Zisterzienserinnen als Lehrkräfte tätig.
Kultureller Mittelpunkt des Stiftlands ist die Klosterstadt Waldsassen. Mit der barocken Stiftsbasilika, der Klosterbibliothek und der Dreifaltigkeitskirche Kappl besitzt sie drei überregional bedeutsame Kunstdenkmäler. Ab 1681 entstand ein barocker Neubau des Klosters und der Klosterkirche. Unter anderem der bedeutende Kirchenbaumeister Georg Dientzenhofer schuf mit der Pfeilerbasilika eine der bemerkenswertesten Barockkirchen Bayerns. Die Klosterkirche hat sich auch überregional einen Namen als Veranstaltungsort klassischer Konzerte gemacht. In der Basilika konzertierten bedeutende Orchester wie die Bamberger Symphoniker und Dirigenten wie Leonard Bernstein oder Colin Davis.

Mit dem Bau der herausragenden Stiftsbibliothek wurde zwar schon Mitte des 15. Jahrhunderts begonnen. Doch erst unter Abt Eugen Schmid wurde von 1724 bis 1726 der Bibliotheksaal so ausgestattet, wie ihn heute jedes Jahr etwa 100 000 Besucher besichtigen können. Zehn geschnitzte, lebensgroße Holzfiguren schultern die Empore des Saals. Sie symbolisieren Stationen der Buchproduktion: Lumpensammler, Buchbinder, Autoren, Buchhändler, Kritiker. Versinnbildlicht werden damit auch die unterschiedlichen Formen des Hochmuts, wie Dummheit etwa oder Ignoranz. Porträtbüsten von antiken Persönlichkeiten wie Sokrates oder Plato ergänzen die beeindruckende Szenerie. Nicht zuletzt sind in vier Fresken Szenen aus dem Leben des Zisterzienserheiligen und Kirchenlehrers Bernhard von Clairvaux dargestellt. Das Gewölbe der Bibliothek ist mit prächtigem Stuck überzogen. Der Besuch der Bibliothek in Waldsassen darf als absolutes „Muss“ gelten.

Die wundersame Geschichte einer Wohltäterin - Josefine Haas und ihre löbliche Stiftung

Am prächtigen Burglengenfelder Renaissance-Rathaus mit den zwei imposanten Eingangstürmen erinnert eine Tafel an einen überaus prominenten Sohn der Stadt:

„Der große Kirchenbaumeister des bayerischen Spätbarock, Johann Michael Fischer, wurde 1692 zu Burgengenfeld geboren. Er starb 1766 zu München“ – so die Inschrift.

Fast alle Bauten Fischers sind in Zusammenarbeit mit berühmten Ausstattungskünstlern, wie etwa den Gebrüdern Asam oder

Josefine Haas, Burglengenfelder Ehrenbürgerin und Wohltäterin.

Ignaz Günther, entstanden. Zwischen 1735 und 1739 baute Fischer seine drei Meisterwerke europäischer Sakralbaukunst: die Augustinerkirche in Ingolstadt, die Wallfahrtskirche in Aufhausen und St. Michael in Berg am Laim. Nach Fischer wurde auch das Gymnasium seiner Heimatstadt benannt.

Der Stadtbrunnen in der Nähe des Rathauses zeigt seit 1995 die vier Meter hohe und völlig nackte Bronzefigur eines „Georg", der einen Drachen besiegt. Er greift damit wohl das zentrale Motiv des Burglengenfelder Stadtwappens auf, das der Stadt 1542 anlässlich der Stadterhebung durch die Pfalzgrafen Ottheinrich und Philipp zugeteilt wurde. Wenngleich zur Zeit der Reformation niemand vom „Heiligen Georg" sprach, wird die Brunnenfigur von der Bevölkerung liebevoll „nackerter Schorsch" genannt.

Eine weitere gebürtige Burglengenfelder Persönlichkeit mit Geschichte ist Josephine Haas. Die Von Laengenfeld-Pfalzheimsche Aussteuer-Stiftung geht auf sie zurück, die 1783 geboren wurde. Die Burglengenfelderin fand, nachdem sie mit zehn Jahren Vollwaise geworden war, Aufnahme als Dienstmädchen bei dem Diplomaten und Malteserritter Franz Graf von Lerchenfeld auf Schloss Köfering in der Nähe von Regensburg. Später nahm er sie mit nach Wien, wo er bayerischer Gesandter war.

Da eine normale Ehe wegen des Standesunterschiedes nicht möglich war, erfolgte eine Ehe „linker Hand“. Das bedeutet, dass die Braut durch die Ehe keinerlei Rechte auf Stellung, Titel oder Vermögen des Grafen erwarb. Dennoch besaß Josephine Haas nach dem Tod ihres Mannes 1844 ein ansehnliches Vermögen. Noch im gleichen Jahr stellte sie daraus für eine Stiftung zur Aussteuer junger Mädchen in Burglengenfeld 240 000 Gulden zur Verfügung. 1845 wurde sie dafür vom König geadelt und erhielt ein eigenes Wappen. Josephine Haas von Längenfeld-Pfalzheim, wie sie dann hieß, starb 1846 in ihrem Wohnhaus in Wieden bei Wien und wurde auf dem Schmelzer Friedhof bestattet. Nach dessen Erlöschen 1900 wurde ihr Grab auf den Meidlinger Friedhof verlegt, wo es sich noch heute befindet. Die Stadt Burglengenfeld kümmert sich um die Pflege des Grabes seiner Ehrenbürgerin Josephine Haas – einer herausragenden Wohltäterin.

In der Regel am 25. März jeden Jahres werden aus den Erträgen ihrer Aussteuer-Stiftung Brautgeschenke vom momentan je 1000 Euro an ledige Bewerberinnen verlost. Aufgrund der derzeit gültigen Stiftungssatzung werden die Brautgeschenke sofort an die Gewinnerinnen ausbezahlt. Für die Auslosung 2024 beispielsweise wurden Bewerberinnen zugelassen, die im Jahre 2005 geboren sind. Und es gibt noch weitere Beschränkungen: Die Eltern der Bewerberinnen müssen im Bereich der Stadt Burglengenfeld oder zwei Fußwegstunden von der Stadt entfernt gemeldet sein. Die Bewerberinnen müssen Familien mit drei und mehr Kindern entstammen, ihre Eltern als minderbemittelt im Sinne der Abgabenordnung gelten. Da sind ja schon einige Hürden zu nehmen.

Weitere Bücher aus der Region

Von der Zugspitze bis ins Frankenland
Kindheit und Jugend in Bayern

Heidi Fruhstorfer
72 S., Hardcover, S/W-Fotos
ISBN 978-3-8313-3351-6

Weihnachtsgeschichten aus der Oberpfalz

Peter Keck
80 S., Hardcover, S/W- Bilder
ISBN 978-3-8313-3009-6